Zelf je boek opmaken met LibreOffice Writer

een handleiding voor schrijvers

Zelf je boek opmaken met LibreOffice Writer

een handleiding voor schrijvers

Hans Drost

Eerste druk, oktober 2013

© 2013 Hans Drost en Meginhardeswich

Omslag: hardpapier | Rob de Jong

NUR: 991

ISBN: 978-90-821371-0-1

Inhoudsopgave

Voorwoord

Dit boek is bestemd voor schrijvers zoals JIJ, beginners en gevorderden, die zelf hun boek willen opmaken. Je kunt daarbij denken aan een roman, een dichtbundel of een non-fictie boek. Jij als schrijver wilt uiteindelijk je boek zelf uitgeven in gedrukte vorm of als e-boek. Schrijvers in een zakelijke omgeving die regelmatig omvangrijke rapporten, handleidingen of jaarverslagen moeten maken, kunnen ook de nodige informatie uit dit boek halen.

In dit boek behandel ik niet de techniek van het schrijven zelf maar vooral de werkzaamheden die daarna komen: de opmaak van je boek. Het eindresultaat is een drukklaar document dat je kunt aanleveren bij een Printing On Demand (POD) service of dat als basis kan dienen voor een e-boek. In de bijlage op pagina 211 geef ik je enkele suggesties voor POD diensten.

Mijn eerste boek (op basis van artikelen die eerder zijn verschenen in verschillende jaargangen van een verenigingstijdschrift) maakte ik met het tekstverwerkingspakket OpenOffice.org. In dat pakket kon je namelijk beter een goede lay-out voor een boek maken dan in MS Word. Een pdf-bestand maken van het document (met hetzelfde programma) in de vormgeving die ik wenste was eenvoudig en ook nog eens geschikt voor de drukker. De opmaak deed ik pagina voor pagina en dat kostte heel wat tijd en ergernis. Dat moest anders kunnen. Voor de opmaak van het volgende boek ben ik me in de opmaakmogelijkheden van LibreOffice gaan verdiepen, dat sinds 2010 de opvolger van OpenOffice.org is.

Met de handleidingen *Kennismaken met LibreOffice, Kennismaken met Writer* en de *Writer Guide, Word Processing with LibreOffice 3.6* (deze boeken zijn gepubliceerd onder de naam *ODFAuthors*) heb ik mijzelf alle opmaakmogelijkheden eigen gemaakt. In de bijlage vind je de links waar je deze handleidingen kunt downloaden.

Het boek *Self-publishing using OpenOffice.org 3 Writer, How to use free software to write, design, and create PDFs for print-on-demand books* van Jean Hollis Weber uit 2009 bracht mij op het idee om het boek te maken dat je nu in handen hebt. *Self-publishing using OpenOffice.org 3 Writer* is geschreven voor OpenOffice.org versie 3.0 en is bovendien geheel op de Engelstalige markt gericht. Daarom besloot ik om een volledig nieuw boek te maken gericht op de Nederlandse markt en gebaseerd op de laatste versie van LibreOffice 4.1. Dit boek is daarvan het resultaat.

Voor de opmaak en de lay-out gebruik ik het gratis en open source kantoorprogramma LibreOffice en dan vooral het onderdeel Writer. Alle handelingen komen uitgebreid aan bod en zijn voorzien van veel schermafdrukken. Daarom is dit boek uitermate geschikt om als naslagwerk te dienen en niet zo zeer bedoeld om van begin tot eind door te lezen. De uitgebreide inhoudsopgave helpt je snel op weg om de onderwerpen te vinden die je zoekt.

Wil je direct aan de slag zonder het hele boek door te werken? Lees dan in elk geval de hoofdstukken 4, 5 en 11 goed door. Je leert dan de basis die je nodig hebt voor het opmaken van je eigen boek met LibreOffice Writer en het maken van een goed pdf-bestand.

Extra informatie via het web

Bij dit boek hoort ook een website: *http://www.libreofficesuite.nl/pagina bij het boek*. Op deze website publiceer ik regelmatig extra informatie of updates van dit boek. Je vindt daar ook video's die bepaalde handelingen laten zien die in dit boek aan de orde komen.

Bedankt!

Tijdens het schrijven van dit boek heb ik van veel mensen steun gekregen. Zij zijn voor mij een grote inspiratiebron geweest en hebben mij veel nieuwe inzichten en tips gegeven. Daarom een woord van dank voor iedereen die mij geholpen heeft dit boek tot een goed einde te brengen, met name Aschwin en Jellie voor hun kritische blik op het manuscript. Een speciaal woord van dank is bestemd voor Inge: zonder jouw steun, geduld en motiverende kracht was dit boek er nooit gekomen. Bedankt!

Hans Drost
Oktober 2013

Inleiding

Voordat we aan de slag gaan wil ik je eerst wat meer vertellen over LibreOffice. Wat het is, hoe het is ontstaan en uit welke onderdelen het bestaat. Dit is geen verplichte kost maar het kan je wel helpen met de beslissing om LibreOffice te gaan gebruiken. Of dat nu voor privé gebruik is of in een zakelijke omgeving.

Waarom LibreOffice?

LibreOffice is een vrij beschikbaar en compleet kantoorpakket. De oorspronkelijke bestandsindeling van LibreOffice is het OpenDocument formaat. Dat is een open standaard-indeling die wereldwijd door overheden wordt aanvaard als een vereiste bestandsindeling voor het publiceren en ontvangen van documenten.

Er is een aantal redenen waarom je kunt besluiten om met LibreOffice te gaan werken. Ik noem er een paar:

- **Geen licentiekosten.** LibreOffice is gratis te gebruiken en te verspreiden. Veel functies die in andere kantoorpakketten als extra toevoeging (add-in) tegen extra kosten beschikbaar zijn zoals bijvoorbeeld PDF-export, zitten in LibreOffice gratis. Er zijn geen verborgen kosten, nu niet en ook niet in de toekomst.

- **Open bron.** Je mag de software distribueren, kopiëren en aanpassen zoveel als je wilt in overeenstemming met één van de LibreOffice open source licenties.

- **Beschikbaar op alle platformen.** LibreOffice kan worden gebruikt op verschillende hardware-architecturen en onder meerdere besturingssystemen zoals Microsoft Windows, Mac OS X en Linux.

- **Uitgebreide taalondersteuning.** De gebruikersinterface van LibreOffice is beschikbaar in meer dan 40 talen en het LibreOffice-project heeft spelling-, afbrekings- en thesaurus-woordenboeken in meer dan 70 talen. LibreOffice biedt ondersteuning voor talen in Complexe Tekst Lay-out (CTL) en Rechts naar Links (RTL) opmaak (zoals Hindi, Hebreeuws en Arabisch).

- **Consistente gebruikersinterface.** Alle onderdelen hebben hetzelfde 'uiterlijk'. Dat zorgt ervoor dat het gemakkelijk te gebruiken en te begrijpen is.

- **Integratie.** De onderdelen van LibreOffice zijn onderling goed op elkaar afgestemd.

  - Alle onderdelen delen dezelfde spellingscontrole en andere gereedschappen, die consistent door het pakket worden gebruikt. Het tekenprogramma bijvoorbeeld dat beschikbaar is in Writer vind je ook terug in Calc en met soortgelijke maar uitgebreidere versies in Impress en Draw.

  - Je hoeft niet te onthouden met welke toepassing een bestand werd gemaakt (je kunt bijvoorbeeld een Draw bestand openen vanuit Writer).

- **Onafhankelijk.** Wanneer je een optie wijzigt heeft dit normaal gesproken effect op alle onderdelen. De opties van LibreOffice kunnen echter worden ingesteld op component niveau en op document niveau.

- **Bestandsuitwisseling.** In aansluiting op de eigen OpenDocument-formaten heeft LibreOffice exportmogelijkheden naar PDF en Flash. Het is ook mogelijk om documenten in veel gebruikte indelingen zoals Microsoft Office, HTML, XML, WordPerfect en Lotus 123-indelingen te openen en op te slaan. Met behulp van een ingebouwde extensie heeft LibreOffice de mogelijkheid om enkele soorten pdf-bestanden te importeren en te bewerken.

- **Geen leveranciersafhankelijkheid.** LibreOffice gebruikt het OpenDocumentFormat, een XML- (eXtensible Markup Language) bestandsindeling die is ontwikkeld als een industriestandaard door OASIS (Organization for the Advancement of Structured Information Standards). Deze bestanden kunnen worden uitgepakt en gelezen worden door vele tekstverwerkers.

- **De gebruiker heeft invloed.** Verbeteringen, software-aanpassingen en de publicatiedata worden bepaald door de gemeenschap. Je kunt deel uitmaken van de gemeenschap en mede de koers bepalen van het product dat je gebruikt.

De oorsprong van LibreOffice

LibreOffice is ontstaan als een afsplitsing (fork) van OpenOffice.org dat op haar beurt weer is ontstaan uit het commerciële pakket Star-Office van het bedrijf Sun Microsystems. Na de overname van Sun door Oracle is in 2010 The Document Foundation opgericht. Deze foundation zet de ontwikkeling voort waar OpenOffice.org is gebleven. Inmiddels is LibreOffice populairder dan zijn stamvader en heeft The Document Foundation de steun van bedrijven zoals Novell, Canonical, Red Hat en Google.

De onderdelen en werking van beide pakketten lijken erg op elkaar maar inmiddels heeft LibreOffice vele extra's beschikbaar die OpenOffice.org nog moet missen. De naam OpenOffice.org is sinds eind 2011 gewijzigd in *Apache OpenOffice*.

Wat is er nieuw in LibreOffice 4.0?

De programmacode van OpenOffice.org die de basis vormde voor het huidige LibreOffice is volledig gecontroleerd en herschreven. Daardoor is de broncode van LibreOffice 4.0 schoner en kleiner. Daarnaast biedt het broncode-archief meer mogelijkheden.

LibreOffice heeft een online update controle. Gebruikers worden geïnformeerd wanneer er een nieuwe versie van het programma beschikbaar is waarna handmatig de nieuwste versie kan worden gedownload. Vergeet daarbij niet om ook het Nederlandstalige helpbestand te downloaden en te installeren.

Wil je meer weten over alle vernieuwingen die in LibreOffice 4.0 zijn opgenomen, kijk dan op de website: *http://www.libreoffice.org/download/4-0-new-features-and-fixes/*.

Op de pagina *http://wiki.documentfoundation.org/ReleasePlan* kun je de verwachte uitgavecyclus van LibreOffice terugvinden.

Dit boek is geschreven met gebruikmaking van LibreOffice 4.0. Maar het is uiteraard ook geschikt voor Apache OpenOffice 3.4 en de oudere versies van OpenOffice.org en LibreOffice. Sommige benamingen van programma onderdelen van de genoemde officepakketten kunnen van elkaar verschillen. Dat geldt ook voor menu onderdelen en menu benamingen die in de verschillende versies kunnen afwijken.

De Onderdelen van LibreOffice

In dit boek werken wij voornamelijk met het onderdeel Writer, de tekstverwerker. Hieronder geef ik je toch een opsomming van alle onderdelen die samen het officepakket LibreOffice vormen. Afhankelijk van de inhoud van je boek kun je een of meer onderdelen nodig hebben. Het is dan prettig om te weten dat die onderdelen beschikbaar zijn en wat je er mee kunt doen.

Writer

Writer is de tekstverwerker van LibreOffice. Het bevat alles wat nodig is om snel en gemakkelijk een brief op te stellen of om een compleet boek met inhoudsopgaven, illustraties, bibliografieën en grafieken te maken. Er zijn functies die je helpen om moeilijk werk gemakkelijk te maken, zoals automatische woord-invulling (je typt de eerste letters van een woord en Writer vult dit automatisch aan), auto-opmaak en automatische spellingscontrole. Writer is krachtig genoeg om desktoppublishing taken aan te kunnen zoals het maken van nieuwsbrieven met meerdere kolommen, folders en boeken. Writer is vergelijkbaar met Word uit het MS Officepakket.

Calc

Calc is het werkblad of spreadsheet onderdeel van LibreOffice. Met Calc kun je cijfers op een overzichtelijke manier bijhouden en presenteren. Het kan gaan om een eenvoudige kilometerregistratie, maar ook om een uitgebreid overzicht van inkomsten en uitgaven of een eenvoudige zakelijke boekhouding. Met Calc kun je allerlei berekeningen en formules toepassen, cijfers analyseren en in een overzichtelijke grafiek presenteren. Calc is vergelijkbaar met Excel uit het MS Officepakket.

Impress

Impress is een programma waarmee je snel en gemakkelijk een effectieve multimedia-presentatie maakt. Uitgebreide mogelijkheden met animaties en speciale effecten om soms net dat beetje extra toe te voegen. Maak presentaties die er nog professioneler uit zien dan de gebruikelijke standaard presentaties die je meestal te zien krijgt. De presentaties kun je op cd of dvd branden of op internet plaatsen maar natuurlijk ook bekijken op je eigen computer of laptop. Impress is vergelijkbaar met Powerpoint uit het MS Officepakket.

Draw

Draw is het tekenprogramma waarmee je tekeningen, diagrammen en 3D beelden kunt maken. Met een maximale grootte van 300cm x 300cm per pagina is Draw een uitstekend pakket voor het produceren van technische tekeningen, posters en nog veel meer. Je kunt voorwerpen manipuleren, draaien in twee of drie dimensies en de '3D Controller' geeft je toegang tot vierkanten, pijlen, diagrammen, cirkels en andere voorwerpen. Je kunt flowcharts, organisatiegrafieken, netwerkdiagrammen enzovoort maken. De fotogalerij gebruik je om standaard meegeleverde illustraties toe te voegen. Het MS Officepakket heeft geen onderdeel dat overeenkomt met Draw.

Base

Base is het database onderdeel van de LibreOfficesuite. Met Base kun je gegevens die je hebt naadloos integreren in de andere componenten van LibreOffice. Ook kun je een invoervenster maken om je gegevens als standalone programma te gebruiken en bij te houden. Base kan adresboekgegevens leveren voor samenvoeg bewerkingen in Writer, of voor algemeen gebruikte adresboek formaten zoals Microsoft Outlook, Microsoft Windows en Mozilla (Thunderbird). Ook kun je koppelingen maken met Microsoft Acces, MySQL of PostgreSQL. Base is vergelijkbaar met Access uit het MS Officepakket.

Math

Math is een programma om wiskundige formules te maken die symbolen of tekens bevatten die niet beschikbaar zijn in het standaard lettertype. Dit onderdeel gebruik je vooral als formule-editor in tekstdocumenten, maar kan ook zelfstandig worden gebruikt of toegepast worden in andere soorten documenten. Bij gebruik binnen Writer wordt in een tekstdocument de formule behandeld als een object. Het MS Officepakket heeft geen onderdeel dat overeenkomt met Math.

Wat doe je nu als eerste?

Dit boek gaat er van uit dat je LibreOffice al op je computer hebt geïnstalleerd. Ook weet je al hoe je een document maakt, bewerkt, opslaat en afdrukt. Kortom, dat je de basisvaardigheden van tekstverwerking kent.

Staat LibreOffice nog niet op jouw computer? Download dan eerst het programma en installeer het voordat je verder gaat.

OPMERKING

De laatste versie van LibreOffice kun je altijd gratis downloaden op *http://www.libreoffice.org/download/*. Als de taalinstellingen op je computer zijn ingesteld op de Nederlandse taal, dan kom je vanzelf op de downloadpagina van de Nederlandse versie terecht. Vergeet niet om ook het aparte helpbestand te downloaden.

TIP

LibreOffice is ook beschikbaar als een portableapp. Dat is een complete LibreOffice versie die je vanaf een USB-stick kunt draaien. In de bijlage vind je de downloadlink.

Installatie video

Is dit de eerste keer dat je LibreOffice installeert en wil je eerst zien hoe dat in zijn werk gaat? Kijk dan op de website die bij dit boek hoort (*http://www.libreofficesuite.nl/pagina bij het boek*). Daar staat een video die laat zien hoe een (nieuwe) installatie van LibreOffice in zijn werk gaat.

1 Inleiding tot Writer

Writer is de tekstverwerker van LibreOffice. Het programma heeft erg veel mogelijkheden die interessant zijn voor schrijvers die hun boek zelf willen opmaken en in eigen beheer willen uitgeven:

- Krachtige pagina-indeling door het gebruik van opmaakprofielen

- Eenvoudige kant en klare sjablonen en opmaakprofielen

- Exportfunctie naar PDF

- Nauwkeurig plaatsen van foto's en andere afbeeldingen

- Automatisch genereren van inhoudsopgaven en indexen

- Wijzigingen bijhouden terwijl je werkt aan het document

Al deze mogelijkheden komen later in dit boek uitgebreid aan bod.

Writer biedt ook de gebruikelijke functies van een tekstverwerker zoals spellingscontrole, een synoniemenlijst, woordafbreking, AutoCorrectie, zoeken en vervangen en samenvoegen. Dat laatste wordt ook wel mailmerge genoemd.

De belangrijkste eerste stap in dit hoofdstuk is dat je gaat ontdekken hoe je Writer gebruikt voor het maken, bewerken en beheren van documenten.

Writer is vergelijkbaar met Microsoft Word maar er zijn verschillen. Als je bekend bent met Word moet je jezelf mogelijk een aantal nieuwe manieren aanleren wanneer je voor het eerst met Writer gaat werken. Wanneer je een bepaalde functie in Writer niet kunt vinden ga er dan niet vanuit dat die niet aanwezig is. Writer lost dat waarschijnlijk op een andere manier op. Met *F1* kun je altijd de ingebouwde helpfunctie oproepen.

Het uiterlijk van Writer

Het meest gebruikte weergavevenster van Writer is de Afdruk-Layout die je ziet in de volgende afbeelding. Op pagina 27 behandelen we het uiterlijk van de documentweergave uitgebreider.

De Afdruk-layout stel je in via **Beeld**, **Afdruk-layout.**

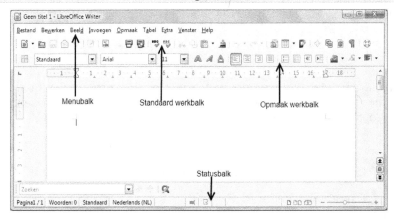

Werkbalken

De meeste werkbalken van Writer zijn gekoppeld of zwevend. Ze kunnen verplaatst worden naar verschillende plaatsen (bovenkant, zijkant, onderkant) van het werkgebied. De meeste werkbalken kunnen ook buiten het Writer werkgebied zweven wanneer je het venster van Writer hebt verkleind, of met een groot beeldscherm werkt.

De bovenste werkbalk is de *Standaard* werkbalk. Alle onderdelen van LibreOffice (Writer, Calc, Impress, Base) hebben deze werkbalk.

De tweede werkbalk is de opmaak werkbalk. Hierop vind je de hulpmiddelen die afhankelijk zijn van een geselecteerde tekst of van de cursorpositie.

Wanneer bijvoorbeeld een afbeelding is geselecteerd laat de Opmaakwerkbalk de hulpmiddelen zien die gebruikt worden voor het bewerken van afbeeldingen. Wanneer de cursor in een stuk tekst staat worden de hulpmiddelen getoond om tekst te bewerken.

Context-gevoelige werkbalken

Writer heeft een paar werkbalken die alleen verschijnen wanneer de context dat vereist. Wanneer je bijvoorbeeld de cursor in een tabel zet, verschijnt de werkbalk *Tabel*. Staat de cursor in een lijst dan verschijnt de werkbalk *Nummering/Opsommingstekens*. Al deze werkbalken zijn zwevend maar je kunt ze ook vastzetten.

Weergeven en verbergen van werkbalken

Om werkbalken weer te geven of te verwijderen kies je **Beeld**, **Werkbalken** en klik je in de lijst vervolgens op de naam van een werkbalk. Een actieve werkbalk heeft in de lijst een vinkje naast de naam.

OPMERKING
Vanaf versie 4.0 van LibreOffice verschijnen de werkbalken gekoppeld aan de statusbalk onderin het werkvenster.

Werkbalken verplaatsen

Om een gekoppelde werkbalk te verplaatsen klik je op de handgreep (zie de volgende afbeelding) en sleep je de werkbalk naar de nieuwe locatie. Om een zwevende werkbalk te verplaatsen klik je op de titelbalk en sleep je de werkbalk naar de gewenste locatie.

Zwevende werkbalken die je naar de standaard werkbalk of statusbalk sleept worden gekoppelde werkbalken.

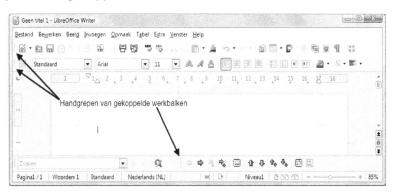

Titelbalk van een zwevende werkbalk

Werkbalken aanpassen

Je kunt kiezen welke pictogrammen zichtbaar zijn op een werkbalk. Ook kun je pictogrammen toevoegen en nieuwe werkbalken maken. Dit behandelen we in hoofdstuk 14.

Gekoppelde en zwevende vensters

Vensters zoals de *Navigator, Stijlen en opmaak* en *Galerij* kunnen verplaatst, vergroot of verkleind en vastgezet worden aan de linker- of rechterkant van het Writer werkgebied.

Om een venster vast te zetten of los te koppelen klik je in het grijze gebied naast de pictogrammen aan de bovenkant van het venster. Dan sleep je het gekoppelde venster in het werkgebied en laat de muis los. Om een zwevend venster te verplaatsen klik je op de titelbalk en sleep je het venster naar de rechter- of linker zijkant van het werkgebied.

Rechtermuisknop (context) menu's

Je krijgt snel toegang tot verschillende menufuncties door met de rechtermuisknop te klikken op een alinea, een afbeelding of een ander object. Er verschijnt dan een contextmenu. Vaak is het contextmenu de snelste en eenvoudigste manier om een bepaalde functie te bereiken. Wanneer je niet meer weet waar in menu's of werkbalken een functie zit kun je die vinden via de contextmenu's.

Statusbalk

De statusbalk van Writer geeft zowel informatie over het actieve document als handige methodes om snel een aantal documentfuncties te kunnen gebruiken.

De statusbalk vind je onder in het werkvenster.

Paginanummer

Toont het huidige pagina nummer, het volgnummer van de huidige pagina (indien verschillend), en het totaal aantal pagina's van het document. Wanneer je de paginanummering herstart bij nummer 1 op de derde pagina dan is het paginanummer 1, maar het volgnummer van die pagina is 3.

Wanneer er bladwijzers in het document zijn gedefinieerd (**Invoegen, Bladwijzer**), toont een rechtermuisklik in dit veld een lijst. Vervolgens kun je dan op een van de gewenste bladwijzers klikken om naar die locatie in het document te gaan.

Om naar een specifieke pagina in het document te gaan dubbelklik je in dit veld waarna de de *Navigator* opent (zie pagina 28 voor meer uitleg over de Navigator). In de Navigator klik je in het veld paginanummer en typ je het nummer in van de gewenste pagina in, gevolgd door een **Enter**. Je springt naar de gevraagde pagina.

Woorden

In dit veld toont Writer het aantal woorden dat het actieve document bevat.

Pagina-opmaakprofiel

Dit veld laat zien op welk opmaakprofiel de geselecteerde pagina is gebaseerd. Wanneer je het pagina-opmaakprofiel wilt wijzigen klik je met de rechtermuisknop in dit veld. Een lijst met pagina-opmaakprofielen verschijnt. Je kiest een ander opmaakprofiel door erop te klikken. Om het huidige pagina-opmaakprofiel te bewerken dubbelklik je in dit gebied waarna het dialoogvenster *Paginaopmaakprofiel* opent.

Taal

Toont de taal voor de geselecteerde tekst. Klik in dit veld voor een menu waarin je een andere taal kunt kiezen voor de geselecteerde tekst of voor de alinea waarin de cursor zich bevindt. Je kunt hier ook kiezen om *Geen spellingscontrole* uit te voeren. Kies *Meer* om een dialoogvenster te openen.

Invoegen

Dubbelklik hier om te schakelen tussen tekst *Invoegen* (standaard is het veld leeg) of *Overschrijven* (Overschrijven). Je ziet dat de cursor van vorm verandert wanneer je tussen beide mogelijkheden schakelt.

Selectiemodus

Klik hier om te schakelen tussen de *Standaardselectie*, *Selectie uitbreiden*, *Selectie toevoegen* en *Selectie geblokkeerd*. Elke keer dat je in dit veld klikt krijg je een keuzemenu waarin je de gewenste selectie kunt selecteren.

Opgeslagen wijzigingen

In dit veld staat een symbool met een rood sterretje wanneer er wijzigingen in het document zijn gemaakt en het document nog niet is opgeslagen. Dubbelklik op dit symbool en het document wordt direct opgeslagen.

Digitale handtekening

Als een document digitaal is ondertekend verschijnt hier een pictogram. Dubbelklik op het pictogram om het certificaat te bekijken

Object informatie

Wanneer de cursor in een sectie, kop of opsommingslijst staat of wanneer een object (zoals een afbeelding of tabel) is geselecteerd, verschijnt in dit veld meer informatie over dat object. Dubbelklikken op het veld opent een dialoogvenster.

Type Object	Getoonde informatie
Foto	Grootte en positie
Item in de lijst	Niveau en lijstopmaakprofiel
Omschrijving	Overzicht nummering niveau
Tabel	Naam of nummer en celverwijzing van de cursor
Sectie	Naam van de sectie

Lay-out overzicht

Kies een van de iconen om te wisselen tussen weergave van een enkele pagina, twee tegenover elkaar liggende pagina's en weergave van een boek lay-out (zie de afbeelding op de volgende pagina). Je kunt het document in elke weergave bewerken.

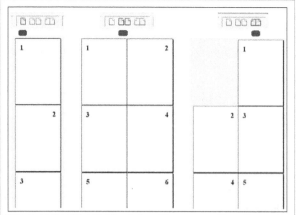

Afdrukvoorbeeld: Enkele pagina, Tegenover elkaar liggende pagina's en boek lay-out

Zoom

Om de weergave van het werkblad te vergroten

- sleep je de schuifregelaar naar rechts of

- klik je op de + en - tekens

- of je klikt met de rechtermuisknop in het percentage veld waarna een pop-up venster met een keuzelijst verschijnt.

- Je kunt ook dubbelklikken in het percentage veld om het venster In-/uitzoomen & weergave lay-out te openen.

Document weergave

Writer biedt verschillende manieren om een document te bekijken: *Afdruk-layout*, *Web-layout*, en *Volledig scherm*. Om toegang te krijgen tot deze en andere keuzes ga je naar het menu **Beeld** en klik je op de gewenste weergave. Volledig scherm vind je onderin het venster (van **Beeld**). Wanneer je in het *Volledig scherm* werkt kun je door op de **Esc**-toets te drukken terugkeren naar de *Afdruk-* of *Web-layout*.

In de *Afdruk-layout* kun je gebruik maken van zowel van de zoom schuifregelaar als de weergave pictogrammen op de statusbalk. In *Web-layout* kun je alleen gebruik maken van de zoom schuifregelaar.

Je kunt ook in **Beeld, In- en uitzoomen...** in de menubalk ervoor kiezen om het dialoogvenster *In-/uitzoomen & weergavelay-out* te openen. Daar vind je dezelfde opties als op de statusbalk. Werk je in de *Web-layout* weergave dan is het merendeel van deze keuzes niet beschikbaar.

Werken met de Navigator

In aanvulling op het paginanummerveld op de statusbalk, zoals eerder is beschreven, biedt Writer nog andere manieren om snel door een document te manoeuvreren. De vele functies van de Navigator, de Navigatiebalk en de bijbehorende pictogrammen helpen je bij het vinden van specifieke onderdelen in een document. De Navigator laat alle koppen, tabellen, tekstframes, afbeeldingen, bladwijzers en andere objecten zien die in een document kunnen voorkomen.

Om de Navigator, te openen:

- klik je op het pictogram op de standaard werkbalk of

- je drukt op *F5* of

- je kiest **Beeld**, **Navigator** in de menubalk of

- je dubbelklikt op het paginanummerveld in de statusbalk.

De Navigator is een zwevend venster dat je ook kunt vastzetten aan de zijkant van het Writer venster. In de lijst met categorieën klik je op het + teken voor weergave van de inhoud van de onderliggende lijsten. De pictogrammen aan de bovenkant van het Navigator venster staan in onderstaande lijst uitgelegd.

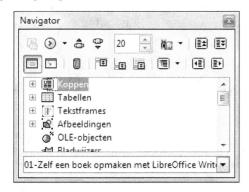

	Alleen actief in hoofddocumenten en de bijbehorende subdocumenten.
	Open de Navigatie werkbalk (zie pagina 31).
	Spring naar de vorige of volgende pagina.
10	Ga naar het paginanummer dat in het vak is aangegeven. Typ het paginanummer of selecteer het paginanummer met behulp van de pijltjes omhoog en omlaag.
	Sleepmodus. Selecteer hyperlink, koppeling of kopie.
	Pijltjes omhoog: een hoofdstuk hoger, pijltjes omlaag een hoofdstuk lager
	Keuzevak in-/uitschakelen. Toont of verbergt de lijst met categorieën.
	Tonen van de inhoud. Schakelt tussen het laten zien van alle categorieën en het tonen van alleen de geselecteerde categorie.
	Stel een herinnering in (zie pagina 30).
	Wissel tussen koptekst en voettekst.
	Wissel tussen een voetnoot en een eventueel bijbehorende voetnoot tekst
	Weergeven van het aantal kopregel niveaus.
	Wissel tussen hoger en lager niveau

Navigeren door een document

De Navigator biedt verschillende manieren om snel door een document te navigeren en onderdelen te vinden:

- Wanneer je naar een specifieke pagina in het document wilt vul je in het vak aan de bovenkant van de Navigator het paginanummer in.

- Wanneer een categorie een lijst met objecten toont dubbelklik je op een object om direct naar de locatie in het document van dat object te springen.

  Om de inhoud van slechts één categorie te zien selecteer je die categorie en klik je op het pictogram **Tonen van de inhoud**. Klik opnieuw op het pictogram om alle categorieën weer zichtbaar te maken. Je kunt ook het aantal koppen aangeven dat je wilt zien bij het bekijken van de categorie *Koppen.*

- Gebruik de pictogrammen *Hoofdstuk hoger* en *Hoofdstuk lager* om naar andere hoofdstukken te springen. Je kunt ook een hoger of lager niveau kiezen.

TIP
Objecten zijn gemakkelijker terug te vinden als je ze tijdens het invoegen een herkenbare naam geeft. In plaats van de standaard namen van Writer zoals Afbeeldingen1, Afbeeldingen 2 enz. of Tabel1, Tabel2 enz. Deze standaard namen komen niet overeen met de plaats van het object in het uiteindelijke document, wanneer ze later zijn toegevoegd.

Herinneringen instellen

Een weinig bekende maar toch erg handige functie van Writer is *herinneringen.* Herinneringen kun je in je document plaatsen wanneer je later naar die plaats wilt terugkeren om bijvoorbeeld informatie toe te voegen, om correcties in de tekst aan te brengen of gewoon om aan te geven waar je bent gebleven tijdens het schrijven van je tekst.

🔘 Om een herinnering in te stellen op de plaats van de cursor klik je op het *Herinnering icoon* (een paperclip) in de Navigator. Je kunt vijf herinneringen in één document instellen. Het maken van de zesde herinnering zorgt ervoor dat de eerste wordt verwijderd.

Herinneringen worden op geen enkele wijze gemarkeerd in het

document. Je kunt dus niet zien waar je ze hebt geplaatst. Wanneer je van de ene naar de andere cursor locatie springt, geeft dat de plaats aan waar de herinnering was neergezet.

Om tussen de ingestelde herinneringen te springen selecteer je eerst het herinneringsicoon in de Navigatie werkbalk. Vervolgens klik je op de *Vorige* en *Volgende* pictogrammen rechtsonder in het werkblad om naar de vorige of volgende herinnering te springen.

De Navigatiewerkbalk gebruiken

Om de Navigatiewerkbalk op te roepen klik je op het Navigatie icoon in de Navigator of het kleine Navigatie icoon in de buurt van de rechter onderhoek van het venster onder de verticale schuifbalk (zie de afbeeldingen hieronder).

De Navigatie werkbalk bevat pictogrammen voor alle objecttypen die weergegeven worden in de Navigator plus enkele extra's zoals de resultaten van een Zoek opdracht.

Klik op een pictogram om dat object te selecteren. Je springt nu met de pictogrammen *Vorige* (object) en *Volgende* (object) naar het vorige of volgende object van het geselecteerde type. Dit is vooral handig voor het opsporen van onderdelen zoals bladwijzers en indexvermeldingen die moeilijk in de tekst terug te vinden zijn. De namen van de pictogrammen (in de helptips) veranderen naar gelang de geselecteerde categorie. Bijvoorbeeld *Volgende Afbeelding* of V*olgende Tabel*.

Een nieuw document maken

Wanneer je in Writer een nieuw en leeg document wilt maken zijn daar een aantal mogelijkheden voor om dat te doen. Hieronder volgen de meest gebruikelijke:

- Wanneer LibreOffice geopend is maar nog er staat nog geen document open, klik dan op *Tekstdocument* in het startcentrum of klik op het icoon *Sjablonen* en kies een sjabloon op basis waarvan je het document wilt maken.

- Wanneer al een document in Writer is geopend kun je op de volgende manieren een nieuw document openen:

  o Druk op de **Ctrl+N** toetsen of

  o ga via het menu **Bestand**, **Nieuw**, **Tekstdocument** of

  o klik op het **Nieuw** icoon 📄 ▾ links in de werkbalk

Het nieuwe document opent in een nieuw Writer venster.

Een nieuw document op basis van een sjabloon

Een sjabloon dient als basis voor documenten die er allemaal hetzelfde uit moeten zien:

- dezelfde paginagrootte,

- dezelfde soort kop- en voetteksten,

- hetzelfde lettertype enzovoort.

Wanneer je van plan bent om de hoofdstukken van je boek als aparte documenten op te slaan om ze later te combineren in één bestand, zoals beschreven op pagina 34, moet je de individuele hoofdstukken maken op basis van hetzelfde sjabloon.

Om een nieuw document te maken op basis van een sjabloon kies je **Bestand**, **Nieuw**, **Sjablonen** of je klikt op het pictogram *Sjablonen* in het startcentrum. Daarna opent de *Sjabloonmanager*. Vanaf pagina 191 gaan we dieper in op het werken met sjablonen en de werking van de Sjabloonmanager.

Een document bewaren

Writer slaat een document standaard op als OpenDocumentTekst (ODT). Om een document op te slaan:

- Druk je op **Ctrl+S** of

- Kies je voor **Bestand**, **Opslaan** of

- Klik je op het icoon Opslaan in de werkbalk 💾

Om het document onder een ander naam op te slaan kies je voor **Bestand**, **Opslaan als...**

Document bewaren als Microsoft Word document

Wanneer het nodig is om bestanden uit te wisselen met gebruikers die werken met Microsoft Word is het best mogelijk dat zij niet weten hoe ze ODT bestanden moeten openen en opslaan.

Gebruikers van Microsoft Word 2007 met Service Pack 2 (SP2) en Word 2010 kunnen dit wel. Zij die werken met Word 2007, 2003, XP en 2000 kunnen een gratis OpenDocument Format (ODF) plug-in van Sun Microsystems downloaden en installeren. Zie daarvoor de link in de bijlage.

Levert dat allemaal nog steeds problemen op, dan kun je besluiten het door jou gemaakte document op te slaan als een Microsoft Word-bestand.

Ga daarvoor als volgt te werk:

1. Sla eerst het document op in de standaard bestandsindeling die wordt gebruikt door LibreOffice. Dat is het ODT-formaat. Dit is belangrijk want dit is en blijft jouw originele werkdocument.

2. Klik vervolgens op **Bestand**, **Opslaan als...**

3. In het dialoogvenster *Opslaan als...*, kies je in het keuzevenster bij *Bestandstype* voor het type Word-document waarin je het bestand wilt opslaan. Klik op **Opslaan**.

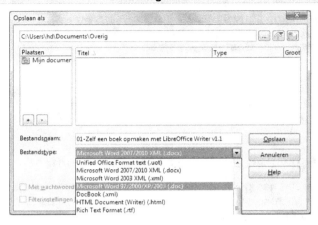

Het is verstandig dat je blijft werken in het LibreOffice document. Je sluit dus het Microsoft Word bestand en opent opnieuw het **ODT** bestand. Wanneer je dat niet doet worden alle wijzigingen die je hierna in maakt, in het Microsoft Word (. doc) document gemaakt. Dit leidt tot de ongewenste situatie dat je twee versies van hetzelfde document op je computer hebt staan. Een in het ODT formaat en een in het doc formaat.

TIP
Om het hierboven omschreven probleem te voorkomen kun je het document per e-mail versturen als een Microsoft Word-bestand, zonder dat je van jouw bestand een .doc-bestand maakt en opslaat.

Kies daarvoor **Bestand**, **Verzenden**, **Als Microsoft Word e-mailen....**Writer maakt een tijdelijk .doc-bestand en opent het standaard e-mail programma met daarin het .doc-bestand als bijlage. Typ of selecteer het e-mailadres van de ontvanger en verstuur de e-mail zoals je dat normaal ook doet. Je kunt het document ook als pdf-bestand versturen. De ontvanger kan er dan echter geen wijzigingen in aanbrengen.

Documenten samenvoegen tot een boek

Je kunt je boek maken door elk hoofdstuk of sectie als een apart document op te slaan. Tekstredacteuren of correctoren kunnen dan per hoofdstuk wijzigingen aanbrengen terwijl jij gewoon doorwerkt aan de andere hoofdstukken. Wanneer het boek klaar is moet je natuurlijk alle hoofdstukken samenvoegen en voorzien van een titelpagina, copyright pagina, enzovoort. Daarna kun je vervolgens het boek gaan opmaken en voorzien van een inhoudsopgave en de nodige indexen. Pas wanneer dit gedaan is ben je zover om er een pdf-bestand van maken.

De meest logische werkwijze om bestanden te combineren is de volgende:

1. Open het eerste bestand.
    Zorg ervoor dat de alinea-einden zichtbaar zijn. Klik daarvoor in de werkbalk op het icoon *Niet-afdrukbare tekens* ¶

2. Ga naar de laatste pagina van dit bestand.
    Wanneer er geen blanco alinea aan het eind aanwezig is druk je op **Enter** na het einde van de laatste tekstalinea om een lege alinea te maken.

3. Zet de cursor in de lege alinea en kies voor **Invoegen**, **Bestand** in de menubalk.

4. Selecteer het tweede document en klik op **Invoegen.**

5. Wacht een paar seconden voordat je het bestand opent en invoegt,

6. Herhaal de stappen 2 tot en met 4 voor het derde en volgende hoofdstukken totdat je alle documenten hebt samengevoegd.

7. Sla het boek op onder een nieuwe naam.

8. Ga verder met de opmaak van je boek.

OPMERKING
LibreOffice heeft een speciale functie voor het werken met hoofddocumenten en subdocumenten. Deze functie behandelen wij niet in dit boek. Om daar mee te experimenteren kun je de helpfunctie van Writer raadplegen.

Samenvatting

In dit hoofdstuk heb je kennisgemaakt met het uiterlijk van LibreOffice. Uitvoerig hebben we stilgestaan bij het gebruik van werkbalken. Je weet nu alles over zwevende en gekoppelde werkbalken.

De betekenis van alle onderdelen van de statusbalk is je nu ook bekend en het werken met de Navigator kent geen geheimen meer voor je.

Ook heb je gezien hoe je herinneringen kunt instellen en gebruiken.

Het maken van nieuwe documenten in LibreOffice is geen probleem meer voor je en je hebt de mogelijkheden gezien hoe je documenten als MS Word document kunt delen met anderen.

Tot slot heb je in dit hoofdstuk gelezen hoe je jouw boek kunt samenstellen door het samenvoegen van verschillende losse documenten.

We gaan nu verder met het volgende hoofdstuk waarin je kennis maakt met diverse instelmogelijkheden van LibreOffice en LibreOffice Writer.

2 Writer instellen

*I*n dit hoofdstuk maak je kennis met de mogelijkheden om een aantal functies van Writer in te stellen. Je kunt dit hoofdstuk natuurlijk overslaan om snel te kijken hoe je het ontwerp van je boek nu eindelijk kunt aanpakken. Maar ik raad je aan om even wat tijd besteden aan de inhoud van dit hoofdstuk. Dat zal ongetwijfeld achteraf veel irritatie en tijdverspilling voorkomen.

Niet alle mogelijkheden die Writer biedt komen aan bod maar wel de voor jouw boek meest belangrijke. Wil je meer weten over die andere instelmogelijkheden, kijk dan in de Helpfunctie of in de *Writer Guide* voor meer informatie.

Instellingen voor heel LibreOffice

Klik in de menubalk op **Extra**, **Opties.** Wanneer je de inhoud van de categorieën niet ziet klik dan op het plusteken voor een categorie.

Gebruikersgegevens

Writer maakt gebruik van de naam of initialen van de gebruiker die opgeslagen zijn in het dialoogvenster Opties – LibreOffice – Gebruikersgegevens. Daarom wil je natuurlijk dat deze gegevens de juiste informatie bevatten. De gebruikersgegevens worden gebruikt voor documenteigenschappen (gemaakt door en laatst bewerkt door) en de naam wordt vastgelegd als de auteur van *notities* en *wijzigingen* (in de functie *wijzigingen bijhouden*).

Algemeen

Enkele onderdelen van de Algemene instellingen bespreken wij hieronder:

Help – Tips

Als *Tips* actief is worden een of twee woorden weergegeven wanneer je de muis over een icoon of veld beweegt

Help – Uitgebreide Help

Wanneer *Uitgebreide Help* is aangevinkt verschijnt een korte beschrijving van de functie van een pictogram of menuopdracht als je de muisaanwijzer boven dat item hangt.

Help – Agent

Indien je de *Help Agent* (vergelijkbaar met Microsoft's Office Assistent)

wilt uitschakelen verwijder je hier het vinkje. Om de standaardinstelling te herstellen klik je op **Help Agent herstellen**.

Documentstatus

Wanneer deze optie is geselecteerd wordt de eerst volgende keer dat je het document afsluit na het afdrukken, de afdrukdatum vastgelegd in de document eigenschappen als een wijziging van het document. Je wordt dan gevraagd het document nogmaals op te slaan zelfs wanneer je geen enkele wijziging hebt aangebracht.

Weergave opties

Met de weergave opties stel je in hoe het documentvenster er uitziet en hoe het zich gedraagt. Enkele mogelijkheden behandelen we hierna:

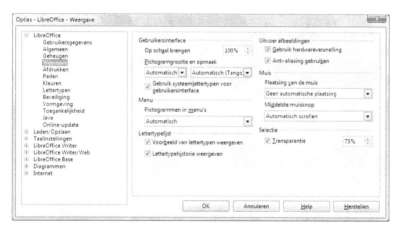

Gebruikersinterface – Op schaal brengen

Verandert de lettergrootte in de menu's en in de Helpbestanden. Deze instelling heeft geen invloed op de lettergrootte van de documenttekst.

Gebruikersinterface – Pictogram grootte en opmaak

Verandert de grootte en de opmaak van werkbalkpictogrammen.

Menu – Pictogrammen in menu's

Zorgt ervoor dat er naast de tekst in menu's pictogrammen verschijnen.

Lettertypelijst – Voorbeeld van lettertypen weergeven

Laat een voorbeeld van het het lettertype zien samen met de naam van het lettertype.

Lettertypelijst – Lettertypehistory weergeven

Laat de laatste vijf lettertypen die je hebt gebruikt in het huidige document boven in de lettertypelijst zien.

Afdrukken

Hier stel je de afdrukopties in voor de standaard printer en de meest voorkomende afdrukmethode. Deze instellingen kunnen op elk gewenst moment gewijzigd worden door deze pagina aan te passen of door op de knop *Eigenschappen* te klikken in het dialoogvenster *Afdrukken* tijdens het afdrukproces (**Bestand**, **Afdrukken**).

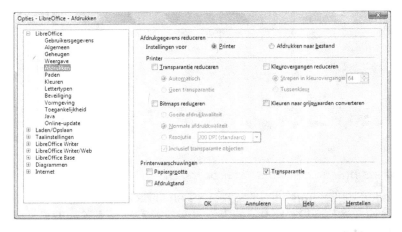

Vink *Kleuren naar grijswaarden converteren* aan wanneer je van het document een pdf-bestand maakt om naar de drukker te sturen.

In het onderdeel Printerwaarschuwingen onder in het dialoogvenster kun je instellen dat je gewaarschuwd wordt als de Papiergrootte of de Afdrukstand niet overeenkomen met de instellingen van de printer.

Vormgeving werkvenster

Tijdens het schrijven of bewerken van je document, maar vooral ook tijdens de pagina opmaak is het handig wanneer je de marges van de pagina ziet. Dit geldt ook voor tabellen en secties, rasterlijnen en andere functies. Misschien wil je liever andere kleuren gebruiken voor onderdelen zoals notities en veldschaduwen dan de standaardkleuren die in LibreOffice zijn ingesteld. In deze paragraaf gaan we daar mee werken.

- Om onderdelen zoals tekstbegrenzingen te tonen of te verbergen kun je ze selecteren of deselecteren.

- Om de kleuren van deze onderdelen te wijzigen klik je op het pijltje naar beneden in de kolom *Kleurinstelling* en kies je een kleur uit de drop-down lijst.

- Om de kleurwijzigingen als kleurenschema op te slaan typ je een naam in het vak Schema en bevestig je met **OK**.

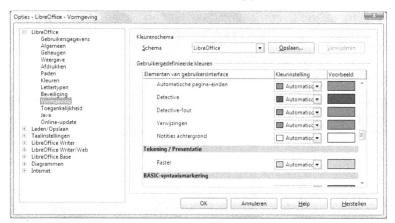

Laden/Opslaan

In het dialoogvenster *Opties* klik je op het +-teken links van *Laden/Opslaan* en kies je voor **Algemeen.** Enkele onderdelen worden hieronder beschreven.

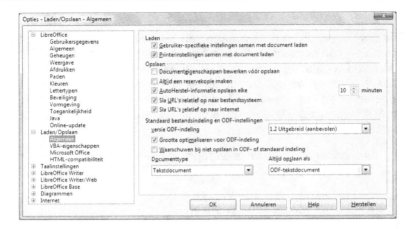

Gebruiker-specifieke instellingen laden met het document

Wanneer je een document opslaat worden bepaalde instellingen samen met het document opgeslagen. Bij het openen van een document wordt een aantal instellingen (zoals printernaam of de databron die gekoppeld is aan het document) altijd mee ingeladen ongeacht of de optie hier is geselecteerd.

Wanneer je deze optie hier selecteert worden de documentinstellingen overschreven door de gebruiker-specifieke instellingen van de persoon die het document opent. Schakel je deze optie uit dan kunnen de gebruikersinstellingen de instellingen van het document *niet* overschrijven.

Printerinstellingen samen met document laden

Wanneer deze optie niet is geselecteerd worden de printerinstellingen die opgeslagen zijn in het document genegeerd tijdens het afdrukken via het pictogram *Bestand direct afdrukken*. De standaardprinter in jouw systeem wordt daarvoor in de plaats gebruikt.

Documenteigenschappen bewerken voor opslaan

Wanneer je deze optie selecteert wordt de eerste keer dat je een nieuw document opslaat, het dialoogvenster *Documenteigenschappen* getoond om relevante informatie in te vullen. Dit venster verschijnt ook wanneer je een document bewaart met *Opslaan als...*.

Autoherstel-informatie opslaan elke 10 Minuten

Kies hier of je gebruik wilt maken van de Autoherstel mogelijkheid en zo ja, om de hoeveel minuten. Autoherstel overschrijft het originele bestand. Wanneer je ook kiest voor **Altijd een reservekopie maken** dan overschrijft de back-up het originele bestand. Het herstellen van een document na een systeemcrash is eenvoudiger maar het herstellen van een eerdere versie van het document is lastiger.

Standaard bestandsindeling en ODF-instellingen

Versie ODF-indeling. De standaardinstelling van *versie 1.2 Uitgebreid* is aanbevolen.

Documenttype. Wanneer je regelmatig documenten deelt met gebruikers van Microsoft Word kun je hier bij **Altijd opslaan als** instellen dat documenten altijd als Word bestand worden opgeslagen.

Het is beter om Word gebruikers te vragen om met ODT-bestanden te werken. Zie ook 'Document bewaren als een Microsoft Word-document' op pagina 23 voor meer informatie.

OPMERKING
Writer kan bestanden met het .docx formaat die gemaakt zijn met Word 2010 openen en opslaan. Docx is het Microsoft Word equivalent van de opendocument standaard.

Taalinstellingen

In dit dialoogvenster kun je verschillende instellingen wijzigen die met taalinstellingen te maken hebben.

Je kunt enkele onderdelen wijzigen van de locale- en Standaardtaalinstellingen zoals LibreOffice die gebruikt voor alle of voor specifieke documenten.

In het dialoogvenster *Opties -Taalinstellingen* kies je aan de linkerkant voor **Taalinstellingen**, **Talen**. Aan de rechterkant kun je de Gebruikersinterface, Locale instelling, Decimaal scheidingsteken en Standaard valuta wijzigen.

Ook de Standaardtalen voor documenten zijn hier in te stellen.

Als je de Standaardtaal alleen voor het huidige document van toepassing wilt laten zijn, in plaats van de standaard instelling voor alle nieuwe documenten, kies hier dan voor **Alleen voor het huidige document**.

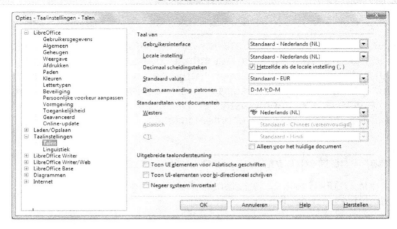

Je kunt er hier ook voor kiezen om de extra opties voor *Uitgebreide taalondersteuning* in te schakelen voor Aziatische talen (Chinees, Japans, Koreaans) en ondersteuning voor Complex Text Lay-out (CTL) talen zoals Hindi, Thai, Hebreeuws en Arabisch. Wanneer je voor een van deze opties kiest zie je de volgende keer dat je dit dialoogvenster opent een aantal extra keuzes onder *Taalinstellingen.* Deze keuzes (zoeken in het Japans, Aziatische opmaak en Complex Text Lay-out) worden hier verder niet besproken.

Andere woordenboeken installeren

LibreOffice installeert standaard diverse woordenboeken. Om andere woordenboeken te installeren heb je een internetverbinding nodig. Klik vervolgens op **Extra**, **Taal, Meer woordenboeken online...** LibreOffice opent in de webbrowser een pagina met links naar aanvullende woordenboeken. Volg de aanwijzingen om het juiste woordenboek te selecteren en te installeren.

Spelling (Linguïstiek)

In het dialoogvenster *Opties – Taalinstellingen – Linguïstiek* kies je **Taalinstellingen**, **Linguïstiek.** Rechtsonder bij *Opties* kies je de instellingen die je nuttig vindt.

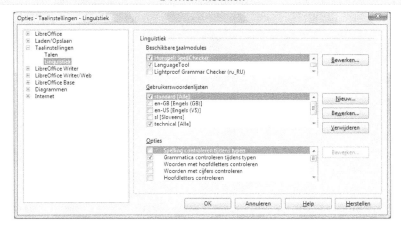

- Wanneer je niet wilt dat tijdens het typen de spelling gecontroleerd wordt vink je **Spelling controleren tijdens typen** uit. Datzelfde geldt voor Grammatica controle tijdens typen.

- Wanneer je een aangepaste woordenlijst gebruikt die woorden in hoofdletters controleert en woorden met nummers zoals AS/400, selecteer je hier **Woorden met hoofdletters controleren** en **Woorden met cijfers controleren**.

- Speciale bereiken controleren (onder *Opties* naar beneden scrollen) is bestemd voor het controleren van de spelling in kopteksten, voetteksten, lijsten en tabellen.

In dit dialoogvenster kun je ook controleren welke door de gebruiker gedefinieerde (aangepaste) woordenboeken actief zijn. Toevoegen of verwijderen van woordenboeken doe je door te klikken op de **Nieuw** of **Verwijderen** knoppen aan de rechterkant van dit venster.

Instellingen voor LibreOffice Writer

Instellingen die gekozen zijn op de pagina's in de categorie LibreOffice Writer van het dialoogvenster Opties bepalen hoe de Writer-documenten er uitzien en hoe ze zich gedragen wanneer je er mee werkt.

In het dialoogvenster *Opties – LibreOffice Writer* klik je in het linker deel van het dialoogvenster op het + teken dat naast LibreOffice Writer staat. Er verschijnt een lijst met verschillende instelmogelijkheden.

Algemeen

De instellingen op deze pagina controleren de wijzigingen van velden of diagrammen. Je kunt hier instellen hoe de koppelingen worden bijgewerkt: *Altijd*, *Op Aanvraag* of *Nooit*. Standaard is *Op Aanvraag*.

De belangrijkste onderdelen op deze pagina zijn echter de onderdelen onder *Instellingen*: de maateenheid en de standaard ruimte tussen tabstops. De standaard Tabstops instelling regelt twee zaken: tabs in alinea's en het inspringen van hele alinea's bij het gebruik van de knop *Inspringing vergroten* op de *Opmaak* werkbalk.

Het is niet verstandig om met tabstops ruimte in een zin, alinea of een pagina te maken. Dit kan leiden tot grote problemen met de opmaak van het document. In plaats daarvan definieer je je eigen tabstops in alineaopmaakprofielen of afzonderlijke alinea's zoals dat beschreven wordt in 'Het definiëren van eigen tabs en inspringingen' op pagina 114.

TIP
Om de schaalverdeling van de liniaal te veranderen klik je rechts op de liniaal en selecteer je in de lijst vervolgens de gewenste eenheid. Deze wijziging heeft geen invloed op de maateenheid die je hebt gekozen onder **Extra, Opties.**

Weergave

De standaardinstellingen voor het bekijken van Writer-documenten wordt op twee pagina's geregeld: *Weergave* en *Opmaak hulp*.

Weergave is de juiste pagina om instellingen te controleren wanneer je geen afbeeldingen of tabellen in je document ziet terwijl je ze wel verwacht of wanneer je *veldcodes* ziet in plaats van tekst of getallen.

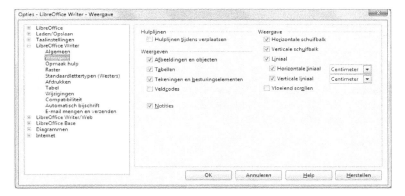

Opmaak hulp

Symbolen voor tabs en voor alinea einden zijn hulpmiddelen tijdens het schrijven, bewerken en het maken van de pagina opmaak. Je wilt immers weten of er tabs of lege alinea's aanwezig zijn of dat er tabellen of grafische afbeeldingen zijn die de marges overschrijden.

OPMERKING

Met de *Directcursor* kun je tekst, afbeeldingen, tabellen, frames en andere objecten in een leeg gebied op de pagina plaatsen. Writer voegt lege alinea's en tabs toe om de tekst of objecten te positioneren. Let op dat *AutoCorrectie* automatisch lege alinea's, tabs en spaties verwijdert die met Directcursor zijn ingevoegd. Dus wanneer je *Directcursor* gebruikt schakel je *AutoCorrectie* uit.

Raster

Vangen aan raster is handig wanneer je objecten zoals afbeeldingen of tabellen wilt uitlijnen. Je kunt de grootte van het raster instellen en ook andere rasterdetails specificeren.

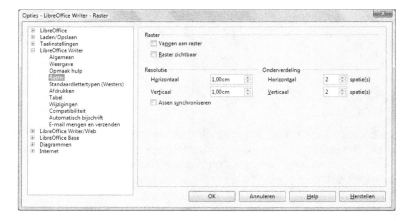

Afdrukken

Kies welke onderdelen in het document standaard afgedrukt worden.
Deze opties zijn een aanvulling op de LibreOffice Afdrukpagina (zie ook
pagina 40).

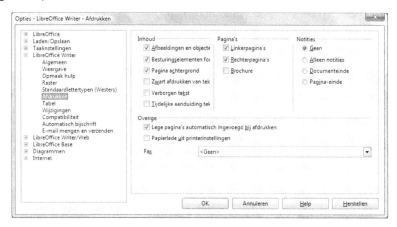

Hieronder geven wij enkele overwegingen die bij de instelmogelijkheden
in dit venster aan de orde kunnen komen:

- Wanneer je met concepten werkt en printerinkt of toner wilt
  besparen kies dan enkele mogelijkheden uit het vak *Inhoud*.

- **Zwart afdrukken van tekst** zorgt ervoor dat gekleurde teksten
  (geen grafieken) in zwart worden afgedrukt op zowel zwart-wit
  printers als op kleurenprinters. Op de meeste zwart-witprinters
  zal gekleurde tekst en grafisch werk in grijstinten worden
  afgedrukt. Dit is in tegenstelling tot de instelling *Kleuren naar
  grijswaarden converteren* op de LibreOffice afdrukpagina
  (beschreven op pagina 40) die zowel gekleurde tekst als
  afbeeldingen in grijstinten afdrukt op een kleurenprinter.

- Wanneer je dubbelzijdig print op een printer zonder duplex
  mogelijkheid druk je alleen de linker- of rechterpagina's af,
  daarna draai je de stapel om en druk je de andere kant af.

- Afhankelijk van hoe je printer de pagina's uitwerpt (bovenkant
  naar boven of naar beneden) moet je wellicht de pagina's in
  omgekeerde volgorde afdrukken zodat de stapel in de juiste
  volgorde ligt als ze worden afgedrukt.

TIP
Je kunt elk van deze instellingen wijzigen tijdens het afdrukken van het document. Klik op **Bestand**, **Afdrukken** en vervolgens op **Eigenschappen**. Het venster *Eigenschappen van (Printernaam)* heeft de vergelijkbare instelmogelijkheden als hier worden besproken maar zijn printerafhankelijk.

Tabel

Gebruik deze pagina om het standaard gedrag van de tabellen te bepalen.

- Wanneer de meeste tabellen die je gebruikt randen of koppen hebben, selecteer je deze opties. Je kunt ze hier ook uitzetten als je dat wilt en ze dan weer toevoegen wanneer je ze echt in een tabel nodig hebt.

- Getalherkenning is nuttig als je vaak tabellen hebt die getallen bevatten. Writer herkent bijvoorbeeld datum en valutasymbolen en maakt de getallen op zoals het hoort. Wanneer je echter getallen als tekst wilt gebruiken moet je hier Getalherkenning uitzetten.

Wijzigingen

Wanneer je van plan bent om de functie *Wijzigingen* voor Writer te gaan gebruiken (deze functie wordt uitgebreid beschreven in hoofdstuk 12) kun je de pagina *Veranderingen* gebruiken om aan te geven hoe

toegevoegde en verwijderde teksten gemarkeerd moeten worden. Hier
kun je ook aangeven of en hoe *Attributenwijziging* zoals vet of cursief
worden weergegeven. Je kunt hier ook instellen hoe gewijzigde regels
tekst in de marge worden weergegeven.

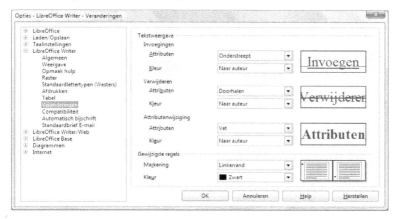

Samenvatting

In dit hoofdstuk heb je kennisgemaakt met een aantal
instelmogelijkheden voor het hele LibreOffice pakket en voor Writer.

Je hebt gezien welke informatie allemaal bewaard kan worden samen
met het document. Vooral het automatisch bewaren is een belangrijke
instelling om niet onverhoopt je werk kwijt te raken.

Bij de taalinstellingen heb je gezien hoe je de standaard taalinstelling van
een document kunt wijzigen. Ook instellingen voor de spelling kun je
aanpassen aan je eigen wensen.

Tot slot heb je gekeken naar de specifieke instellingen voor Writer. Hoe
de weergave van je document op het scherm kunt instellen en hoe je de
weergave kunt aanpassen voor het onderdeel 'Wijzigingen Bijhouden'.

In het volgende hoofdstuk gaan we verder met het schrijven en vooral het
bewerken van teksten en alles wat daarbij komt kijken.

3 Teksten schrijven en bewerken

*I*n dit hoofdstuk bekijken we de basisprincipes van het schrijven van teksten en het bewerken van de tekst met behulp van Writer. Functies zoals opmaak, lettertypen, symbolen en lijsten komen in Hoofdstuk 6 aan bod. In dit hoofdstuk ga je nu ontdekken hoe je:

- Teksten selecteert, kopieert, plakt en verplaatst

- Tekst zoekt en vervangt

- Spelling controleert

- Gebruik maakt van overige taalhulpmiddelen

- AutoCorrectie, Woordinvulling en Autotekst gebruikt

- Documentinformatie in de tekst invoegt

Enkele algemene opmerkingen vooraf

Schrijven en bewerken voor het opmaken

Schrijf, bewerk en voeg eerst alle andere informatie toe aan je document in de vorm van afbeeldingen, grafieken, tabellen enzovoort, voordat je met Writer je boek gaat opmaken. Ga je dus vooral niet bezig houden met de opmaak van je boek wanneer je nog aan het schrijven of herschrijven bent.

Blijf je concentreren op de inhoud wanneer je in deze schrijf- en herschrijf fase bent. Wanneer je je in deze fase met de opmaak bezig houdt, leidt dat alleen maar af van je feitelijke denk- en schrijfwerk.

Je kunt natuurlijk wel alinea's indelen en koppen en subkoppen en andere elementen toevoegen maar maak je nog niet druk over opmaakproblemen zoals pagina-einden, lettertypekeuze waar grafieken of afbeeldingen komen enzovoort.

Wanneer je concepten deelt met gebruikers van Microsoft Word kun je deze als Word document per e-mail versturen en ontvangen zonder dat je je druk hoeft te maken over de mogelijke opmaakproblemen die kunnen ontstaan door het door elkaar gebruiken van beide programma's. Zie ook de opmerkingen over dit onderwerp op pagina 33 en verder.

De afstand tussen alinea's en koppen

Definieer de afstand tussen alinea's in de alineaopmaakprofielen. Dit leggen we uit in hoofdstuk 6.

Gebruik de *Enter* knop **niet** om extra ruimte te maken tussen alinea's of voor en na de hoofdstuktitels. Regel dit in de opmaakprofielen. Dan heb je er geen omkijken naar. In hoofdstuk 5 behandelen we dit uitgebreid.

Tekst selecteren, kopiëren en plakken

De handelingen die je in Writer uitvoert voor het selecteren, knippen, kopiëren en plakken van tekst zijn vergelijkbaar met de bewerkingen in andere tekstverwerkers. Je kunt tekst kopiëren en verplaatsen in een document en tussen documenten door te slepen, met menuopties, iconen of sneltoetsen. Je kunt ook teksten kopiëren uit andere bronnen en plakken in een Writer-document.

Wanneer je een tekst plakt is het resultaat afhankelijk van de bron van de tekst en hoe je de tekst plakt. Klik je op het pictogram *Plakken* dan behoudt de geplakte tekst de oorspronkelijke opmaak. Als de resultaten je niet bevallen klik je op het pictogram *Ongedaan maken* of op *Ctrl+Z* om terug te keren naar de situatie voordat je de gekopieerde tekst plakte.

Om de geplakte tekst de opmaak te laten aannemen van de tekstomgeving waarin het wordt geplakt kies je voor:

- **Bewerken, Plakken speciaal**, of

- Klik op het driehoekje rechts van het pictogram **Plakken** of

- Klik met de linkermuisknop op het pictogram **Plakken**.

- Selecteer vervolgens **Tekst zonder opmaak** uit het menu dat verschijnt.

De hoeveelheid keuzes in het Plakken speciaal menu varieert afhankelijk van de herkomst en opmaak van de tekst (of ander object).

Alinea's snel verplaatsen

Om een alinea snel te kunnen verplaatsen klik je ergens in de alinea en houd je de *Ctrl + Alt* toetsen ingedrukt terwijl je op de *pijl-omhoog* of *pijl-omlaag* (de cursortoetsen op je toetsenbord) drukt. De alinea zal naar boven of naar beneden verschuiven. Om meer dan één alinea tegelijk te verplaatsen selecteer je alle alinea's die je wilt verplaatsen voordat je op de Ctrl + Alt en pijltjestoetsen drukt.

Zoeken en vervangen

Tekst en opmaak

Met behulp van de functie *Zoeken en vervangen* kun je zoeken naar en vervangen van :

- Woorden en zinnen

- Specifieke opmaak (zoals vet of cursief)

- Alineaprofielen

- Alinea-einde of regeleinde markeringen

Om het dialoogvenster *Zoeken en vervangen* weer te geven gebruik je de toetscombinatie *Ctrl + F* of kies je voor **Bewerken**, **Zoeken en vervangen**.

1. Typ in het vak **Zoeken naar** de tekst die je wilt zoeken.

2. Om de tekst te vervangen door andere tekst, typ je de nieuwe tekst in het vak **Vervangen door**.

3. Je kunt kiezen uit verschillende opties zoals het overeenkomen van *Identieke hoofdletters* of het zoeken naar *Alleen hele woorden*. Onder *Meer opties* kun je ook nog zoeken naar soortgelijke woorden en zijn er nog andere mogelijkheden beschikbaar.

Wanneer je de zoekopdracht hebt opgesteld klik je op **Zoeken** of **Alles zoeken**. Om tekst te vervangen klik je op **Vervangen** of **Alles vervangen**.

LET OP
Gebruik **Alles vervangen** met de nodige voorzichtigheid. Anders krijg je te maken met vervelende fouten die je alleen nog handmatig en woord voor woord kunt corrigeren.

Specifieke opmaak

Een erg krachtige *Zoeken en vervangen* functie maakt gebruik van de opmaak optie. Je kunt bijvoorbeeld onderstreepte woorden laten vervangen door woorden in cursief.

Open het dialoogvenster *Zoeken en vervangen* (met het menu *Meer opties* open zoals in afbeelding op de linker pagina):

1. Om alleen naar specifieke opmaak te zoeken verwijder je alle eventuele tekst in het vak **Zoeken naar**.
    Om te zoeken naar tekst met specifieke opmaak typ je nu de tekst in het vak **Zoeken naar**.

2. Klik op de knop **Opmaak** om het dialoogvenster Tekstopmaak (*Zoeken*) te openen. De tabbladen in dit venster zijn vergelijkbaar met die in de *Opmaak Alinea* en *Alinea-opmaakprofiel* vensters.

3. Kies de opmaak die je wilt zoeken en klik vervolgens op **OK**. De beschrijving van de geselecteerde opmaak verschijnt onder het vak **Zoeken naar**. Op deze manier kun je zoeken naar bijvoorbeeld alle teksten die zijn opgemaakt in 14-punts vet Arial.

4. Om de opmaak aan te passen klik je in het vak **Vervangen door** en daarna op **Opmaak** om de in het venster Tekstopmaak(Vervangen) de opmaak te kiezen die je wilt hebben en klik je op **OK**.

    Wil je de tekst ongewijzigd laten en alleen de opmaak wijzigen laat dan het vak *Vervangen door* leeg terwijl je wel de *Opmaak* opgeeft.

    Wil je zowel tekst als opmaak vervangen typ dan de vervangende tekst in het vak **Vervangen door** met de opgegeven *Opmaak*.

5. Wanneer je specifieke tekstopmaak wilt verwijderen klik je op **Opmaak** en selecteer je het tabblad *Lettertype* en vervolgens de tegenovergestelde opmaak (bijvoorbeeld niet cursief). De knop **Geen opmaak** in het Zoek en Vervangen dialoogvenster wist alle voorgaande geselecteerde opmaak.

6. Klik op **Zoeken**, **Alles zoeken**, **Vervangen** of **Alles vervangen** om de gewenste opdracht uit te voeren.

TIP
Tenzij je van plan bent om te zoeken naar andere tekst met dezelfde kenmerken, klik je op **Geen opmaak** om alle kenmerken te verwijderen na het uitvoeren van je zoekopdracht. Als je dit vergeet kom je er bij een volgende zoekopdracht ongetwijfeld achter dat je geen woorden kunt vinden terwijl je zeker weet dat ze wel in de tekst voorkomen.

Alinea-opmaakprofielen

Wanneer je materiaal uit verschillende bronnen combineert kan het voorkomen dat je veel ongewenste alineaprofielen in je document krijgt. Om snel een ongewenst profiel te vervangen door een ander, wel gewenst profiel kun je:

1. In het uitgebreide dialoogvenster *Zoeken en vervangen* (Meer opties) kiezen voor **Opmaakprofielen.** Wanneer je vooraf *Attributen* specificeert wijzigt dit label in **Inclusief opmaakprofielen**. De velden **Zoeken naar** en **Vervangen door** bevatten lijsten met opmaakprofielen.

2. Selecteer het opmaakprofiel dat je wilt zoeken en het profiel dat je wilt vervangen.

3. Klik op **Zoeken, Alles zoeken, Vervangen** of **Alles vervangen**.

   Herhaal stap 2 en 3 voor elk opmaakprofiel dat je wilt vervangen.

Regeleinden en alinea-einden

Wanneer je teksten plakt uit e-mails of websites kan het voorkomen dat dergelijk materiaal gebruik maakt van twee lege regels aan het einde van een alinea in plaats van een einde alinea markering. Dit is er de oorzaak van dat een hele groep alinea's meestal inclusief koppen in Writer gezien worden als slechts één alinea. Het resultaat is dat de opmaak van de tekst er niet uitziet zoals je verwacht.

Om twee lege regels te wijzigen in een alinea-einde markering ga je als volgt te werk:

1. In het *Zoeken en vervangen* dialoogvenster klik je op **Meer opties** om meer keuzes te krijgen. In dit uitgebreide dialoogvenster kies je **Reguliere uitdrukkingen**.

2. Type **\n\n** in het vak **Zoeken naar** en **\n** in het **Vervangen door** veld.
   Klik op **Zoeken, Alles zoeken, Vervangen** of **Alles vervangen**.

TIP
Bij het zoeken maakt Writer gebruik van het teken **$** voor een alinea-einde en **\n** voor een regeleinde.

Je hoeft Zoeken en vervangen niet te gebruiken (zoals in sommige andere programma's) om twee alinea-einden zonder tekst ertussen te vervangen door een alinea-einde. In plaats daarvan kun je terecht bij

Extra, **Opties voor AutoCorrectie**, **Opties** en vink je het vakje aan voor **Lege alinea's verwijderen**.

Zoeken naar alinea-einden combineer je meestal met andere reguliere expressies en wildcards. De online helpfunctie beschrijft een groot aantal reguliere expressies en hun mogelijke toepassingen. Reguliere expressies (zoals de hiervoor genoemde \n en $) kunnen je veel tijd besparen door het combineren van meerdere zoekopdrachten in een keer.

Spelling en grammatica

De spellingfunctie van Writer kun je op twee manieren gebruiken.

De *AutoSpellingcontrole* controleert elk woord dat wordt ingetypt en geeft een golvende rode lijn onder alle verkeerd gespelde woorden. Wanneer het woord wordt gecorrigeerd verdwijnt de golvende rode lijn.

Om een aparte spellingcontrole op het hele document of op een deel van de tekst uit voeren. Daarvoor klik je op de knop *Spelling en grammatica* of op *F7*. Dit opent het dialoogvenster Spelling en grammatica wanneer een verkeerd gespeld woord wordt gevonden.

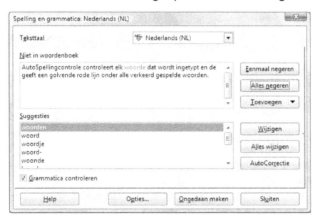

Hieronder noemen we nog enkele mogelijkheden van de spellingcontrole:

* Klik met de rechtermuisknop op een woord met een rode golvende onderstreping waarna een contextmenu opent. Hierin kun je een keuze maken uit de voorgestelde woorden.

* Je kunt in het vak *Teksttaal* de woordenboeken voor de Spelling

en Grammatica wisselen naar bijvoorbeeld Engels, Frans of Duits.

- Wanneer je een woord wilt toevoegen aan het woordenboek klik je op **Toevoegen** in het dialoogvenster Spellingcontrole en kies je het woordenboek waaraan je het woord wilt toevoegen.

- Klik op de knop *Opties* in het dialoogvenster *Spelling en grammatica* om een venster te openen dat vergelijkbaar is met het venster dat je opent in *Extra, Opties, Taalinstellingen, Linguïstiek* zoals dat is beschreven in hoofdstuk 2.

TIP
Je kunt voor LibreOffice de LanguageTool als extensie installeren. Met deze tool krijg je extra mogelijkheden tijdens de spelling en grammaticacontrole. De Language Tool voegt een nieuw menu onderdeel toe aan het submenu *Extra*. Van daaruit kun je onder andere het hele document opnieuw controleren en via instellingen kun je het gedrag van de spellingscontrole configureren. De Language Tool is te downloaden via de website *http://www.languagetool.org/* of via de website van LibreOffice (*http://extensions.libreoffice.org/extension-center*).

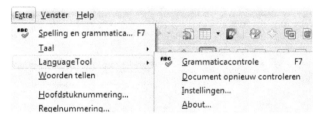

Helaas is op dit moment nog geen synoniemenlijst in de Nederlandse taal voor LibreOffice beschikbaar. Wel voor de talen Frans, Duits en Engels en nog enkele andere talen.

Werken met ingebouwde taalhulpmiddelen

Writer biedt een aantal hulpmiddelen die het je gemakkelijker maken wanneer je gebruik maakt van meer dan een taal in hetzelfde document of als je documenten schrijft in verschillende talen.

Op de tab *Lettertype* in het dialoogvenster van de alineaopmaakprofielen kun je aangeven dat bepaalde alinea's in een andere taal worden gecontroleerd dan de taal van de rest van het document.

Kijk voor meer informatie op pagina 107 'Werken met Lettertypen'.

Het belangrijkste voordeel van het veranderen van de taal is, dat je gebruik kunt maken van de juiste woordenboeken om de spelling te controleren en gelokaliseerde versies van de woordenlijsten toepast voor woordafbreking en AutoCorrectie.

Je kunt ook de taal voor een alinea of een groep van tekens op **Geen** zetten. Deze optie is vooral handig wanneer je tekst invoegt zoals webadressen of stukjes programmeertaal die je niet op spelling of grammatica wilt laten controleren.

Het vastleggen van de taal in teken- en alineaopmaakprofielen is de beste methode omdat je in de profielen een grotere mate van controle hebt en wijzigingen van de taal sneller zijn uit te voeren.

Om te beginnen kun je de taal voor het hele document, voor afzonderlijke alinea's of zelfs voor een stuk geselecteerde tekst instellen. Dat doe je via **Extra**, **Taal** in de menubalk.

Voor selectie

Past de gekozen taal toe op de geselecteerde tekst (de selectie kan net zo kort zijn als een paar tekens of net zo lang als een aantal alinea's).

Voor alinea

Past de gekozen taal toe op de alinea waar de cursor zich bevindt.

Voor alle tekst

Past de gekozen taal op het hele document toe.

Een andere manier om de taal voor een heel document te wijzigen is om gebruik te maken van **Extra**, **Opties**, **Taalinstellingen**, **Talen**. In het onderdeel *Standaardtalen voor documenten* kun je kiezen voor een andere taal voor de gehele tekst.

Ondanks dat de taalinstelling via het menu slechts voor een individueel document geldt is een verandering van de standaardtaal in het dialoogvenster *Opties* een algemene verandering van de instellingen van LibreOffice en is daarom van toepassing op alle documenten die in de toekomst gemaakt worden. Wanneer je wilt dat de wijziging van de taal uitsluitend geldt voor het huidige document moet je het vakje aanvinken bij **Alleen voor voor het huidige document.**

De spellingcontrole werkt alleen voor de talen waarvoor het symbool staat. Wanneer je dit symbool niet naast de gewenste taal ziet dan kun je via **Extra**, **Taal**, **Meer woordenboeken online...** de gewenste taalbestanden downloaden.

De taal die gebruikt wordt voor het controleren van de spelling wordt ook weergegeven in de statusbalk naast het huidige pagina opmaakprofiel.

Automatische functies gebruiken

Writer biedt verschillende methoden om een deel van je werk te automatiseren. Wanneer je dat niet wilt kun je zo'n functie uitzetten.

AutoCorrectie

De *AutoCorrectie* functie van Writer corrigeert automatisch een lange lijst van spelfouten en typefouten. Bijvoorbeeld *hte* wordt gecorrigeerd naar *het*.

Selecteer **Extra**, **Opties voor AutoCorrectie** om het dialoogvenster te openen. Daar kun je bepalen welke specifieke woordgroepen van de tekst worden gecorrigeerd. In de meeste gevallen zijn de standaardinstellingen goed.

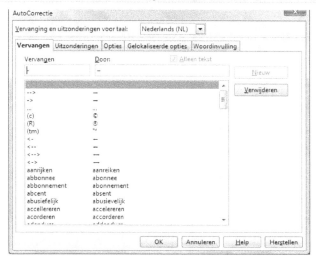

AutoCorrectie is standaard ingeschakeld wanneer je Writer installeert. Om het uit te zetten haal je het vinkje weg bij **Opmaak**, **AutoCorrectie**, **Tijdens invoer**.

Bekijk de verschillende tabbladen in het dialoogvenster om *AutoCorrectie* beter in te stellen. Je ziet dat er veel opties beschikbaar zijn.

Wanneer je wilt dat Writer sommige woorden niet meer vervangt ga je naar het tabblad **Vervangen.** Daar selecteer je het gewenste woord en klik je op de knop **Verwijderen**.

Om een nieuw woord aan de lijst toe te voegen typ je dit woord in het tabblad **Vervangen** in de velden **Vervangen** en **Door** en klik je vervolgens op **Nieuw**.

AutoCorrectie kan ook worden gebruikt als een snelle methode om speciale tekens te maken. Bijvoorbeeld (c) zal automatisch worden vervangen door het teken ©. Je kunt eigen speciale tekens toevoegen.

Woordinvulling

Wanneer *Woordinvulling* is ingeschakeld, zal Writer proberen te raden welk woord je aan het typen bent en je een suggestie doen voor een woord. Wanneer je daarmee akkoord gaat hoef je alleen maar op *Enter* te drukken en anders typ je gewoon verder.

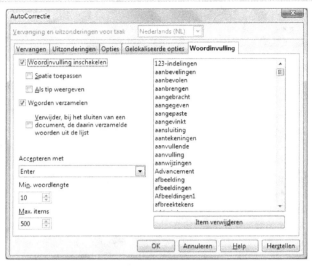

Om Woordinvulling uit te schakelen selecteer je **Extra**, **Opties voor AutoCorrectie...**, **Woordinvulling** en verwijder je het vinkje voor **Woordinvulling inschakelen**.

Je kunt woordinvulling aanpassen aan je eigen wensen in het tabblad *Woordinvulling*.

- Spatie toepassen voegt automatisch een spatie toe na een geaccepteerd woord.

- Toon de woordsuggestie als tip die boven het woord zweeft in plaats van het direct in de tekst in te voegen terwijl je typt.

- Wijzigen van het maximum aantal woorden dat onthouden wordt voor woordinvulling en de minimale toegestane lengte van de woorden.

- Verwijderen van specifieke onderdelen uit de lijst *Woordinvulling*.

- Verander de toets die het voorgestelde woord accepteert. De mogelijkheden zijn *End*, *Enter*, *Space* (spatiebalk), *Right* (cursorpijl rechts) en *Tab*.

Woordeninvulling werkt alleen wanneer je een woord voor de tweede keer in hetzelfde document typt.

AutoTekst

Je kunt tekst, tabellen, afbeeldingen en andere items koppelen aan een *AutoTekst* sneltoetscombinatie. Om de *AutoTekst* in te voegen in de tekst typ je de sneltoetscombinatie in en druk je vervolgens op **F3**.

Bijvoorbeeld: in plaats van de woorden *afdeling communicatie* te typen kun je die woorden als AutoTekst met de sneltoetscombinatie *ac* opslaan. Je typt dan *ac* en drukt vervolgens op F3 om die woorden in je document in te voegen. Ook kun je een opgemaakte tabel opslaan als *AutoTekst* met bijvoorbeeld de naam *tip.* Vervolgens plaats je een kopie van die tabel door *tip* in te typen en op **F3** te drukken.

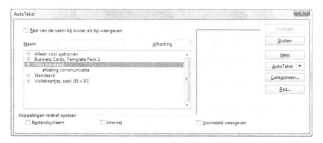

Om tekst toe te wijzen aan een *AutoTekst* sneltoetscombinatie ga je als volgt te werk:

1. Typ de tekst in je document.

2. Selecteer de tekst.

3. Ga naar **Bewerken, AutoTekst** (of druk op Ctrl + F3).

4. Voer een naam in voor de sneltoetscombinatie. Writer zal een suggestie doen voor de sneltoetscombinatie die je kunt aanpassen.

5. Klik op de knop **AutoTekst** aan de rechterkant van het AutoTekst dialoogvenster en selecteer **Nieuw** (alleen tekst) in het menu.

6. Klik op **Sluiten** om terug te keren naar het document.

TIP
Als de enige optie onder de knop AutoTekst **Importeren...** is heb je ofwel geen naam opgegeven voor de AutoTekst of heb je in het document geen tekst geselecteerd.

Document informatie Invoegen

Soms wil je wat extra informatie in je document toevoegen ergens in de tekst of in een kop- of voettekst zoals bijvoorbeeld een bestandsnaam, de datum waarop het document het laatst is bewerkt of het aantal woorden in het document.

Sommige velden kunnen direct worden ingevoegd via het submenu van **Invoegen**, **Velden.**

De optie **Overige...** geeft nog meer mogelijkheden via de tabbladen *Document* en *Documentinfo* zoals je in de afbeelding hieronder ziet.

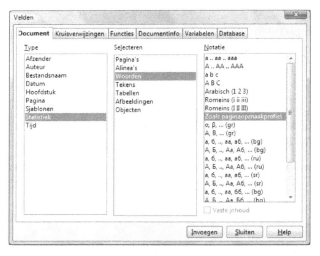

Selecteer in de kolom aan de linkerkant het *Type* informatie dat je wilt hebben (in het voorbeeld hierboven hebben we gekozen voor *Statistiek*) kies een specifiek onderdeel in de middelste kolom (in dit voorbeeld

Woorden) en in de rechterkolom de *Notatie*. Ben je niet helemaal zeker welke keuze je moet maken, kies dan voor de standaard selectie (die is afhankelijk van je keuzen in *Type* en *Selecteren*). Als het resultaat niet naar wens is kun je dit later altijd nog wijzigen.

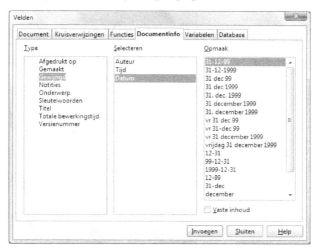

Een deel van de documenteigenschappen wordt automatisch gegenereerd als resultaat van de informatie die je invult op de tab *Beschrijving* van het dialoogvenster *Eigenschappen* (*Bestand*, *Eigenschappen*) en een deel komt van informatie zoals die vermeld staat in het dialoogvenster van **Extra**, **Opties**, **LibreOffice**, **Gebruikersgegevens** (zie pagina 38).

Samenvatting

In dit hoofdstuk heb je geleerd dat je pas na de eerste schrijfronde je teksten gaat corrigeren, bewerken en verfraaien.

Allerhande technieken zijn de revue gepasseerd; van selecteren, kopiëren en plakken tot het snel verplaatsen van een of meer alinea's. Zoeken en vervangen en het werken met de spelling en grammatica mogelijkheden van Writer zijn besproken. Je hebt automatische functies leren kennen voor automatisch corrigeren van teksten of automatisch aanvullen van woorden. Tot slot heb je gezien hoe je documentinformatie in het document kunt opnemen.

In het volgende hoofdstuk gaan we het onderdeel 'Wijzigingen Bijhouden' uitvoerig bespreken.

4 Wijzigingen bijhouden

*I*n Writer kun je verschillende manieren gebruiken om wijzigingen in een document bij te houden:

- Je vraagt aan redacteuren en lezers die jouw teksten controleren om in Writer veranderingen te markeren (ook wel revisiemarkeringen genoemd). Daarmee laten ze zien waar ze wat hebben toegevoegd, verwijderd of gewijzigd of wat ze in de opmaak hebben aangepast. In een later stadium kun je dan de voorgestelde wijzigingen beoordelen, accepteren of verwerpen.

- Je brengt wijzigingen aan in een kopie van het document en slaat dat op in een andere map en onder een andere naam. Later gebruik je Writer om de twee bestanden te combineren en de veranderingen die zijn gemaakt te laten zien. Deze techniek is vooral handig wanneer je de enige bent die aan het document werkt.

- Je slaat versies op als kopie van het originele bestand, bijvoorbeeld als versie 1, versie 2 enzovoort. Deze methode heeft niet de voorkeur. Het biedt geen echte voordelen voor jou als auteur en uitgever in eigen beheer. Het geeft alleen maar problemen bij grotere of meer complexe documenten, vooral als je veel verschillende versies bewaart.

De afbeelding hieronder toont hoe Writer toevoegingen en verwijderingen laat zien met de ingeschakelde functie *Wijzigingen Bijhouden*. De lijn in de marge blijft zichtbaar wanneer de wijzigingen verborgen zijn. In hoofdstuk 2, de paragraaf 'Vormgeving' op pagina 41 lees je meer over hoe je de weergave van wijzigingen kunt instellen.

Document voorbereiden voor revisie

Wanneer je een document verstuurt naar iemand anders om het te controleren of te bewerken moet je voorbereidingen treffen om ervoor te zorgen dat eventuele wijzigingen worden opgenomen. Iemand die jouw document controleert hoeft er dan niet over na te denken om het *bijhouden van wijzigingen* aan te zetten.

1. Open het document en zorg ervoor dat **Bewerken, Wijzigingen, Bijhouden** in de menubalk is aangevinkt.

2. Kies dan **Bewerken, Wijzigingen, Bijhouden beveiligen**. Vul in het dialoogvenster dat verschijnt een wachtwoord in (tweemaal invullen) en klik op **OK**. Wachtwoorden moeten uit minimaal 1 teken bestaan. Meer tekens is natuurlijk altijd veel beter.

Nu kan niemand het bijhouden van de wijzigingen uitzetten zonder het juiste wachtwoord in te vullen.

Wijzigingen en opmerkingen bijhouden

Om *wijzigingen bijhouden* aan te zetten klik je op **Bewerken, Wijzigingen, Bijhouden.** Om dit weer uit te zetten klik je op **Bewerken, Wijzigingen,** en opnieuw op **Bijhouden.** Het vinkje voor *Bijhouden* verdwijnt.

Om een opmerking aan een wijziging of een bestaande opmerking toe te voegen klik je in de wijziging en kies je voor **Bewerken, Wijzigingen, Opmerking**. De opmerking wordt opgenomen in de lijst *Wijzigingen accepteren of verwerpen* (zie 'Wijzigingen accepteren of verwerpen' op pagina 71). Wanneer je wilt dat opmerkingen aan de zijkant van het document worden getoond kies dan voor het invoegen van *Notities* (**Invoegen, Notitie**). Lees op zie pagina 74 meer over het gebruik van van *Notities*.

Wanneer je meer dan een verandering hebt opgenomen kun je tussen die veranderingen met de pijltjestoetsen manoeuvreren. Wanneer je geen opmerking hebt opgenomen blijft het tekstveld leeg.

OPMERKING
Niet alle wijzigingen worden opgenomen. Het veranderen van links of rechts lijnende tabs of wijzigingen in formules of gekoppelde afbeeldingen worden niet opgenomen.

Wijzigingen bekijken

Om alle veranderingen (toevoegingen, verwijderingen en opmaak) in het document weer te geven of te verbergen, klik je op **Bewerken**, **Wijzigingen**, **Weergeven.** Wanneer *wijzigingen verborgen* stond ingesteld, zijn toevoegingen en nieuwe opmaak in de tekst zichtbaar, maar verwijderingen zijn dat niet.

Wanneer wijzigingen worden weergegeven houd je de muisaanwijzer boven een gemarkeerde wijziging om een Helptip te zien. Daarin staat vermeld of er iets is toegevoegd of verwijderd en de naam van de persoon die de wijziging heeft gemaakt en op welk tijdstip hij dat deed. De naam van de auteur wordt overgenomen uit de informatie die is opgegeven in **Extra**, **Opties**, **LibreOffice**, **Gebruikersgegevens** van de computer die gebruikt is door de persoon die het bestand heeft bewerkt. Wanneer je *Uitgebreide Tips* inschakelt (**Extra**, **Opties**, **LibreOffice**, **Algemeen**) is het commentaar ook zichtbaar in de tooltip wanneer je met de muisaanwijzer boven de wijziging hangt.

Wijzigingen accepteren of verwerpen

Wijzigingen die nog niet zijn geaccepteerd of die zijn geweigerd staan vermeld in de lijst *Wijzigingen accepteren of verwerpen*.

TIP
Wanneer je wijzigingen accepteert of verwerpt worden ze verwijderd uit de lijst. Geweigerde veranderingen worden ook uit het document verwijderd. Wanneer je een lijst met veranderingen

wilt bewaren maak dan eerst een kopie van het bestand voordat je hiermee aan de slag gaat.

1. Kies **Bewerken**, **Wijzigingen**, **Accepteren of annuleren**. Het dialoogvenster *Wijzigingen accepteren of verwerpen* opent.

2. Wanneer je een wijziging in het dialoogvenster selecteert, wordt de werkelijke verandering in het document geaccentueerd zodat je kunt zien wat de bewerker precies heeft veranderd. Verplaats zo nodig het dialoogvenster om de tekst beter te kunnen zien.

3. Klik op **Accepteren** of **Verwerpen** om de geselecteerde wijziging te aanvaarden of af te wijzen. Je kunt ook kiezen voor **Alles accepteren** of **Alles verwerpen**, wanneer je niet elke individuele wijziging wilt controleren.

Als je alleen een bepaald type wijzigingen wilt weergeven gebruik je het tabblad *Filteren* in het dialoogvenster *Wijzigingen accepteren of verwerpen*. Na het opgeven van de filtercriteria keer je terug naar de lijst om de aangebrachte wijzigingen te bekijken die voldoen aan de door jou opgegeven criteria.

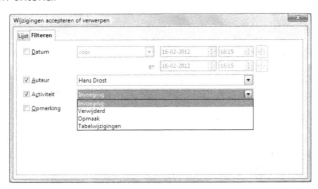

TIP
Na het accepteren of verwerpen van veranderingen loop je nogmaals door het hele document. Zoek naar kleine fouten zoals veranderingen die ten onrechte zijn verwijderd (of juist niet). Daarbij kun je denken aan extra spaties tussen woorden en andere fouten zoals ongewenste aanpassingen in het alineaopmaakprofiel.

Samenvoegen van gewijzigde documenten

Soms sturen twee of meer correctoren hun bewerkte versies van een document tegelijkertijd terug. Wanneer deze documenten bijgehouden wijzigingen bevatten kan het efficiënter zijn om de documenten samen te voegen en in één keer alle veranderingen te beoordelen.

Samengevoegde documenten zijn soms erg lastig om te lezen omdat meer dan een persoon dezelfde tekst op verschillende manieren heeft veranderd. In dat geval kan het misschien gemakkelijker zijn om telkens een groep van wijzigingen te verwerken.

Om documenten samen te voegen:

1. Open je een van de documenten waarin wijzigingen zijn opgenomen.

2. Kies dan voor **Bewerken**, **Wijzigingen**, **Document samenvoegen**. Kies vervolgens het volgende document met wijzigingen dat moet worden samengevoegd met de eerste en klik op **Invoegen.**

3. Nadat de documenten zijn samengevoegd opent het dialoogvenster *Accepteren of verwerpen* met daarin de wijzigingen die door meer dan een corrector zijn aangebracht.

4. Wanneer je nog een document met wijzigingen wilt samenvoegen met het origineel sluit dan het dialoogvenster en herhaal stap 2.

5. Herhaal dit totdat alle documenten met wijzigingen zijn samengevoegd.

6. Alle gemaakte wijzigingen in alle documenten zijn nu samengevoegd in een kopie van het document dat je nu open hebt staan. Sla dit bestand op onder een andere naam.

Documenten vergelijken

Wanneer je een document niet hebt beveiligd is het mogelijk dat sommige correctoren zijn vergeten om de wijzigingen bij te houden. Gebruik in dat geval de mogelijkheid van Writer om documenten met elkaar te vergelijken om zo de correcties terug te vinden.

Om documenten te kunnen vergelijken heb je het originele document nodig en het document dat is aangepast.

1. Open eerst het *bewerkte* document. Kies **Bewerken, Document vergelijken**.

2. Selecteer het *originele* document en klik op **Invoegen**.

3. Writer vindt en markeert de veranderingen en toont het dialoogvenster *Wijzigingen accepteren of verwerpen*. Vanaf dit punt kun je doorgaan met het accepteren of verwerpen van de wijzigingen zoals al eerder is besproken.

Invoegen, bewerken en beantwoorden van notities

Tijdens het schrijf- of controleproces is het mogelijk om notities in het document op te nemen zowel van jezelf als van de correctoren. Notities worden in de rechtermarge van het document weergegeven en hebben een kleur die afhankelijk is van de persoon die de notitie heeft gemaakt.

Wanneer je een notitie wilt invoegen zet je de cursor op de plaats waar de notitie betrekking op heeft en kies je in de menubalk voor **Invoegen, Notitie**. Het ankerpunt van de notitie wordt door een lijn verbonden met een tekstbox aan de rechterkant van de pagina waarin je de tekst van de notitie kunt typen. Writer voegt automatisch de naam van de auteur van de notitie in en ook de datum en tijd waarop de notitie is gemaakt. De naam van de auteur is overgenomen uit de informatie in **Extra, Opties, LibreOffice, Gebruikersgegevens** van de computer die door die persoon bij het bewerken van het bestand is gebruikt.

Wanneer er meer dan een persoon bewerkingen in het document heeft gedaan krijgt elke auteur automatisch een andere achtergrondkleur toegewezen.

Een klik met de rechtermuisknop op een notitie laat een menu verschijnen waarin je

- de notitie kunt verwijderen,

- alle notities van dezelfde auteur kunt verwijderen of

- alle notities in het hele document.

De tekst in de notitie kun je ook opmaken met *Vet*, *Cursief* of *Onderstrepen*. Je drukt daarvoor in het notitievenster op de linkermuisknop en maakt een keuze in het venster dat verschijnt.

Om van de ene notitie naar de andere te navigeren open je de *Navigator* (F5). Vervolgens open je de sectie *Notities* door op het plusteken te klikken en dan klik je op de tekst van de notitie die getoond wordt. Daardoor spring je naar de positie van de betreffende notitie in het document.

Je kunt ook door de notities navigeren met de pictogrammen *Vorige notitie* en *Volgende notitie* in de *Navigatie werkbalk* (zie pagina 31) of met het toetsenbord. *Control + Alt + PgDn* toets naar de volgende notitie en *Control + Alt + PgUp* naar de vorige notitie.

Samenvatting

'Wijzigingen Bijhouden' is een belangrijke functie van Writer wanneer je jouw document door andere personen laat controleren. Je hebt daarbij de mogelijkheid om toe te staan dat zij wijzigingen in het document aanbrengen. Je hebt ook gezien hoe je jouw document daarvoor kunt voorbereiden.

Uitgebreid heb je kennis kunnen maken met het accepteren of verwerpen van voorgestelde wijzigingen. Het samenvoegen van gewijzigde documenten is ook besproken.

Je hebt gezien hoe je notities kunt (laten) toevoegen en wat je daar allemaal mee kunt doen.

In het volgende hoofdstuk begint het echte werk: het opmaken van je boek.

5 Een boek opmaken met opmaakprofielen

Dit hoofdstuk laat je zien hoe je met behulp van opmaakprofielen het ontwerp van je boek in Writer kunt opzetten en plannen. Samen met de inhoud van het volgende hoofdstuk, Hoofdstuk 6 'Pagina's opmaken', krijg je hier de belangrijkste onderdelen aangereikt voor het zelf opmaken van een boek.

Houd er rekening mee dat sommige boeken die je in de winkel ziet liggen er erg gelikt uitzien. Voor die boeken heeft de uitgever veel geld geïnvesteerd in de grafische vormgeving om het boek beter verkoopbaar te maken.

Wij maken een opmaak die er gewoon netjes uitziet. Heb je een ruim budget om te besteden dan kun je altijd nog overwegen om een professionele vormgever in te schakelen.

De stappen in het ontwerpen van een boek zijn:

- het bepalen van de juiste volgorde van de pagina's in het boek.

- het maken van de paginaopmaakprofielen die nodig zijn om de paginavolgorde vast te leggen.

- het maken van de alineaopmaakprofielen.

Wat zijn opmaakprofielen en waarom gebruik je ze?

Eerst volgt nu een korte inleiding op wat opmaakprofielen nu eigenlijk zijn en welke opmaakprofielen je kunt toepassen om jouw boek op te maken.

Opmaakprofielen bestaan uit een verzameling opmaakinformatie voor pagina's, alinea's, tekens, frames en andere elementen in een document. Wanneer je een opmaakprofiel toepast voeg je een heleboel opmaakinformatie in een keer toe. Het juiste gebruik van opmaakprofielen verbetert de consistentie van een document en zorgt ervoor dat je veel eenvoudiger grote wijzigingen in de opmaak van dat document kunt maken.

Om het uiterlijk van een element (zoals bijvoorbeeld het lettertype) te wijzigen hoef je alleen het opmaakprofiel aan te passen en alle elementen die dat opmaakprofiel gebruiken worden automatisch gewijzigd. Dit zorgt ervoor dat de opmaak door het hele boek gelijk blijft.

TIP
Eventuele aanpassingen die je maakt in bestaande en nieuwe opmaakprofielen zijn alleen van toepassing op het document waarin je bezig bent. Als je wilt dat de wijzigingen ook beschikbaar zijn voor andere documenten moet je ze opnemen in een sjabloon. Zie daarvoor hoofdstuk 13 'Het gebruik van sjablonen' op pagina 191 voor meer details.

Soorten opmaakprofielen

Writer kent vijf soorten opmaakprofielen:

- *Pagina-opmaakprofielen*, controleren de paginaopmaak (pagina grootte, marges en dergelijke).

- *Alineaopmaakprofielen*, controleren de opmaak van complete alinea's. (Titels of koppen zijn ook een soort alinea)

- *Tekenopmaakprofielen*, controleren de opmaak van geselecteerde tekst binnen een alinea.

- *Lijstopmaakprofielen*, controleren de opmaak van overzichten, genummerde lijsten en lijsten met opsommingstekens.

- *Frameopmaakprofielen*, controleren de opmaak van kaders en afbeeldingen.

Het venster *Stijlen en opmaak* toont alle opmaakprofielen die voor een document gedefinieerd zijn. Om dit venster te laten verschijnen druk je op *F11* of je klikt in de werkbalk *Opmaak* op het icoon *Stijlen en opmaak*. Dit venster kan gekoppeld worden of je gebruikt het als een zwevend venster. In de afbeelding hierna zie je de opmaakprofielen in het venster *Stijlen en opmaak*.

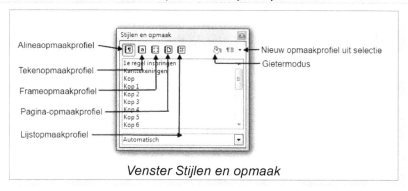

Venster Stijlen en opmaak

Basis pagina indeling met pagina-opmaakprofielen

Alle pagina's in een Writer-document zijn gebaseerd op pagina-opmaakprofielen. Pagina-opmaakprofielen definiëren de basis lay-out van een pagina zoals de paginagrootte, breedte van de marges, de plaatsing van kop- en voetteksten, randen en achtergronden en het aantal kolommen.

TIP
Wanneer je afwijkende paginaformaten gebruikt die niet op jouw standaard printer afgedrukt kunnen worden, maak dan eerst een pdf-bestand dat je vervolgens afdrukt.

In dit onderdeel definiëren we een aantal pagina-opmaakprofielen die je in jouw boek gaat gebruiken.

TIP
Links in de statusbalk (onder in het Writer venster) zie je het opmaakprofiel voor de huidige pagina weergegeven.

Je kunt de ingebouwde pagina-opmaakprofielen van Writer aanpassen maar je kunt ook nieuwe opmaakprofielen maken. In hetzelfde document kunnen een of meerder pagina-opmaakprofielen voorkomen. Wanneer je geen pagina-opmaakprofiel aanwijst maakt Writer gebruik van het ingebouwde Standaard pagina-opmaakprofiel.

De volgende afbeelding laat een paginavolgorde zien die je vaak in boeken tegenkomt. Merk op dat sommige pagina's geen paginanummer hebben terwijl andere pagina's kleine letters (Romeinse cijfers i, ii, iii) en weer andere pagina's Arabische cijfers (1, 2, 3) bevatten.

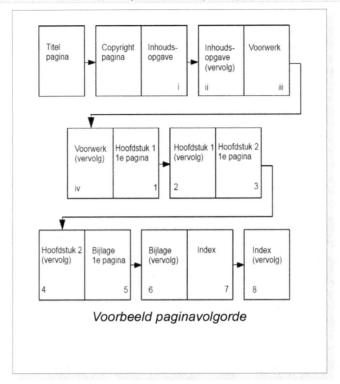

Voorbeeld paginavolgorde

OPMERKING
De uitgeversterm voor pagina's vóór de eerste pagina van
hoofdstuk 1 is *voorwerk* (front matter in het Engels). In de
afbeelding hierboven zijn dat de pagina's van Titelpagina tot en
met 'Voorwerk (vervolg)'. De pagina's na het laatste hoofdstuk
worden *nawerk* (back matter) genoemd. In bovenstaand voorbeeld
vanaf 'Bijlage 1e pagina'.

Volgorde van pagina-opmaakprofielen automatiseren

Wanneer je een pagina met een bepaald opmaakprofiel wilt laten
volgen door een pagina met een ander opmaakprofiel kun je deze
opvolging automatiseren. Het opmaakprofiel van de pagina die volgt kan
hetzelfde zijn als het profiel van de eerste pagina of het kan juist een
volstrekt ander opmaakprofiel zijn.

Zoals je in dit hoofdstuk zult zien is het automatiseren de enige
praktische manier om een serie elkaar opvolgende

pagina-opmaakprofielen voor elkaar te krijgen. In sommige gevallen is dit automatiseren echter geen noodzaak. Het gebruik van de automatische opvolging betekent echter wel dat je niet hoeft na te denken welk opmaakprofiel je moet toewijzen na het zojuist gebruikte profiel.

Het eerste wat je moet doen is beslissen welke opmaakprofielen je nodig hebt. Maak je er niet druk om wanneer je later bedenkt dat je een ander opmaakprofiel nodig hebt, een opmaakprofiel wilt wijzigen of de volgorde van de opmaakprofielen wilt wijzigen. Je kunt dat alles op ieder gewenst moment alsnog doen.

De opmaakprofielen die wij hier gaan gebruiken komen overeen met de voorbeeldpagina's in de afbeelding 'Voorbeeld paginavolgorde' hiervoor.

- titel pagina

- copyright pagina

- pagina's met de inhoudsopgave

- pagina's met andere tekst (voorwoord enz.)

- de eerste pagina van het hoofdstuk

- standaard pagina (voor alle andere pagina's in elk hoofdstuk)

- de eerste pagina van de bijlagen en de vervolgpagina's

- de pagina voor de index.

Het automatiseren van opeenvolgende opmaakprofielen maakt gebruik van *Volgend opmaakprofiel* in het tabblad Beheren van het dialoogvenster *Paginaopmaakprofiel*. Je kunt paginaopmaakprofielen in elke gewenste volgorde maken maar de ene methode is simpeler dan de andere.

Je zou kunnen denken dat je de paginaopmaakprofielen maakt vanaf het begin van je boek, te beginnen met de titelpagina. Maar eigenlijk is het veel gemakkelijker om aan het einde van een reeks pagina-opmaakprofielen te beginnen. Op deze manier is het volgende profiel dat je nodig hebt in de reeks al gemaakt.

Een enkel hoofdstuk

Laten we eerst eens kijken naar een enkel hoofdstuk in een boek. De meeste hoofdstukken zien er zo uit. Het hoofdstuk heeft twee opmaakprofielen:

Het pagina-opmaakprofiel *Eerste pagina* en *Standaard*. Onderstaande afbeelding laat dit zien:

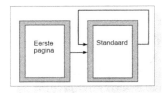

Beide paginaopmaakprofielen worden standaard meegeleverd bij Writer, dus die hoeven we alvast niet zelf te maken. Daarnaast zijn beide profielen zodanig opgezet dat het *Volgend opmaakprofiel Standaard* is.

Om het effect van deze automatische opeenvolging te laten zien:

1. Maak je een nieuw document (**Bestand**, **Nieuw**, **Tekstdocument** of druk op *Ctrl + N*). Zorg ervoor dat de markeringen voor de alinea-einden worden weergegeven.

2. Klik ergens in de eerste pagina van het document.

3. Ga naar de Pagina-opmaakprofielen in het venster *Stijlen en opmaak* en kies de **Eerste pagina**. Je kunt ook met de rechtermuisknop klikken in het pagina-opmaakprofiel gebied van de statusbalk en daar kiezen voor de **Eerste pagina** in de pop-up lijst.

4. Schrijf of plak wat tekst op deze pagina. Omdat dit slechts een demonstratie is voor de pagina-opmaakprofielen hoef je uiteraard geen rekening te houden met de opmaak van tekst. Zorg dat de tekst lang genoeg is zodat hij naar een tweede pagina overloopt.

   OPMERKING
   Het pagina-opmaakprofiel voor de nieuwe pagina in de statusbalk is als *Standaard* zichtbaar. Dat klopt. Je hebt hiervoor niets hoeven te doen, de verandering van de pagina-opmaakprofielen ging volledig automatisch.

5. Ga door met schrijven of plakken van tekst totdat de tekst een derde pagina vult. Hier zie je dat het pagina-opmaakprofiel voor de derde pagina ook *Standaard* is, precies zoals het hoort.

Paginavolgorde bepalen

De afbeelding op de volgende pagina laat een meer complexe opvolging van pagina-opmaakprofielen zien voor het begin van jouw boek.

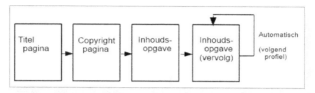

Deze volgorde maakt gebruik van vier opmaakprofielen die niet standaard met Writer meegeleverd worden. Die gaan we dus zelf maken. We beginnen aan het einde van de reeks en werken vervolgens naar voren:

- Vervolgpagina's van de Inhoudsopgave,
- Inhoudsopgave,
- Copyrightpagina,
- Titelpagina.

1. Open een nieuw document. Open het venster *Stijlen en opmaak* (F11). Kies voor paginaopmaakprofielen. Klik met de rechtermuisknop in het venster en kies voor **Nieuw** in het pop-up menu.

2. In het tabblad Beheren van het venster Paginaopmaakprofiel type je als naam **InhoudAnders** in het vak Naam. Open de lijst van Volgend opmaakprofiel en kies **InhoudAnders.**
   De andere tabbladen kun je overslaan.

3. Klik op **OK** om dit opmaakprofiel op te slaan.

4. Herhaal de stappen 2 en 3 zo vaak als hieronder aangegeven:

Naam: Inhoudsopgave →	Volgende opmaakprofiel:	InhoudAnders
Naam: Copyrightpagina →	Volgende opmaakprofiel:	Inhoudsopgave
Naam: Titelpagina →	Volgende opmaakprofiel:	Copyrightpagina

Hoe we deze volgorde van opmaakprofielen gaan gebruiken komt in hoofdstuk 6 'Pagina's Opmaken' uitgebreid aan bod.

Een hoofdstuk toevoegen

Hoe verander je van de 'voorwerk' reeks naar de 'hoofdstuk' reeks? Dit concept is weergegeven in de volgende afbeelding.

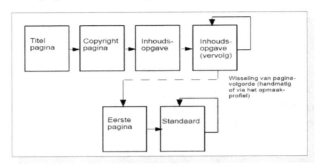

Een wisseling in de volgorde van een nieuwe reeks opmaakprofielen kun je handmatig doen of geautomatiseerd met behulp van de eigenschappen in de *Alineaopmaakprofielen.* Deze beide methoden leggen we uit in hoofdstuk 6 'Pagina's Opmaken'. Welke methode je kiest bepaal je zelf.

Maken en bewerken van alineaopmaakprofielen

Alineaopmaakprofielen controleren het uiterlijk van een alinea zoals het uitlijnen van tekst, tabstops, regelafstand, randen en tekenopmaak (lettertype, lettergrootte, kleur). De opmaak van afzonderlijke woorden binnen een alinea kan worden bepaald in tekenopmaakprofielen of door handmatige opmaak. Tekenopmaakprofielen behandelen we in hoofdstuk 7 'Teksten opmaken'.

Writer heeft standaard diverse vooraf gedefinieerde alineaopmaakprofielen die je kunt aanpassen aan je eigen wensen. Uiteraard kun je ook nieuwe profielen maken.

Alineaopmaakprofielen wijzig je door:

- Alineaopmaakprofielen in het venster *Stijlen en opmaak* te bewerken

- Het bijwerken van een selectie

- Het laden of kopiëren van profielen uit andere documenten of sjablonen.

Eigenschappen van alineaopmaakprofielen

Als je nu wat aandacht besteedt aan een aantal kenmerken van alineaopmaakprofielen kun je later veel tijd besparen Twee belangrijke kenmerken zijn hier *Gekoppeld met* en *Volgend opmaakprofiel* die je beide kunt vinden in het tabblad *Beheren* van het dialoogvenster Alinea-opmaakprofiel.

- **Gekoppeld met**. Wanneer profielen zijn gekoppeld heeft een verandering in het basisprofiel invloed op elke profiel dat is gekoppeld. Bijvoorbeeld elk profiel van een kop (zoals Kop 1, Kop 2) is verbonden met een basisprofiel met de naam Kop.

- **Volgend opmaakprofiel**. Wanneer je een alinea tekst schrijft en vervolgens op *Enter* drukt om een nieuwe alinea te beginnen, zal deze nieuwe alinea automatisch het profiel hebben zoals is gedefinieerd in *Volgend opmaakprofiel*. Je kunt bijvoorbeeld het profiel van Kop1 zodanig definiëren dat deze gevolgd wordt door een *Eerste alinea profiel*. Dit profiel wordt op zijn beurt gevolgd door een *Tekstblok*. Dit *Tekstblok*profiel wordt opgevolgd door meer alinea's in het *Tekstblok* opmaakprofiel, net zolang tot je dit verandert in een ander profiel.

Het kenmerk *Volgend opmaakprofiel* heeft alleen effect als je bezig bent met het invoeren van tekst. Wanneer je later een opmaakprofiel toepast op een alinea (zoals een koptitel) wordt het profiel van de volgende alinea niet aangepast.

LET OP
Wanneer je de gewoonte hebt om profielen in je boek handmatig aan te passen, wees er dan op bedacht dat je de functie **Autom. bijwerken** in het dialoogvenster Alinea-opmaakprofiel *niet* hebt aangevinkt. Staat **Autom. bijwerken** wel aan dan kan het zomaar gebeuren dat plotseling de opmaak van hele delen van je boek er anders uit gaan zien.

Standaard volgorde van alineaopmaakprofielen wijzigen

De standaard volgorde van koppen en alineaopmaakprofielen is Kop1 voor de hoofdstuktitels en Kop2, Kop3 enzovoort voor de tussenkoppen. Daarbij wordt iedere kop gevolgd door een alinea met het opmaakprofiel van een *Tekstblok*. Wanneer je een andere volgorde wilt, lees dan vooral verder. Voor ons voorbeeld gaan we drie standaard ingebouwde profielen aanpassen (Kop1, Kop2 en Tekstblok) en een nieuw profiel maken met de naam EersteAlinea.

OPMERKING

De opmaakprofielen voor koppen zijn belangrijk voor het genereren van een automatische inhoudsopgave en voor het plaatsen van informatie zoals hoofdstuktitels in de kop- of voetteksten. Voor meer informatie daarover kun je terecht in hoofdstuk 9 'Inhoudsopgave' en hoofdstuk 11 'Speciale effecten'.

Een veel gebruikt boekontwerp heeft een alineaopmaakprofiel voor de eerste alinea van een hoofdstuk en een ander alineaopmaakprofiel voor alle andere alinea's in het hoofdstuk. Dat concept is ook in dit boek toegepast.

Voor het instellen van een ander opmaakprofiel voor de eerste alinea van elk hoofdstuk moet je twee dingen doen:

- Maak een nieuw opmaakprofiel of pas een bestaand profiel aan voor de eerste alinea en zorg ervoor dat dit profiel automatisch gevolgd wordt door het profiel dat gebruikt wordt voor de andere alinea's.

- Stel de kopprofielen zodanig in dat ze automatisch opgevolgd worden door het door jou gewenste eerste alineaopmaakprofiel.

Omdat een opmaakprofiel aanwezig moet zijn voordat we het kunnen kiezen als een *Volgend* opmaakprofiel, maken we dus eerst het *EersteAlinea* profiel voordat we de profielen voor de koppen gaan maken.

We willen dat het *EersteAlinea* profiel hetzelfde is als het opmaakprofiel van het *Tekstblok* profiel, met dit verschil dat de eerste regel van het *EersteAlinea* inspringt maar dat de eerste regel van het profiel *Tekstblok* dit niet doet. We kunnen tijd besparen (en later inconsistenties voorkomen als we iets veranderen) door het koppelen van het *EersteAlinea* profiel aan het profiel van het *Tekstblok* en alleen die ene instelling veranderen. Later, wanneer we andere aanpassingen maken in het *Tekstblok* profiel worden deze wijzigingen (zoals lettertype en regelafstand) ook doorgevoerd op het profiel *EersteAlinea*.

Tekstblok profiel wijzigen

Om dit allemaal efficiënt te laten verlopen beginnen we met het profiel voor het *Tekstblok*.

1. Wanneer het venster *Stijlen en opmaak* nog niet open staat druk je op *F11* om het alsnog te openen. Ga naar de lijst *Alineaopmaakprofielen*. Klik met de rechtermuisknop op het profiel *Tekstblok* en kies voor *wijzigen* in het pop-up menu.

2. Op het tabblad *Beheren* zie je dat je de naam van het profiel niet kunt veranderen omdat het een standaard ingebouwd profiel is. De optie *Autom. bijwerken* is niet aangevinkt. *Volgend opmaakprofiel* staat al ingesteld op *Tekstblok*. Dit opmaakprofiel is gekoppeld aan het profiel Standaard. Dit zijn precies de instellingen zoals we die willen hebben.

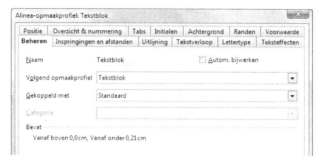

3. Op het tabblad *Inspringingen en afstanden* laat je de instelling voor Inspringen Eerste regel ongewijzigd.

4. Laat de andere tabbladen ongewijzigd en klik op **OK** om de wijziging op te slaan.

OPMERKING
Feitelijk hebben we niets veranderd in het opmaakprofiel *Tekstblok*. Maar toch laten we even de tabbladen de revue passeren, om te laten zien waar je eventueel wijzigingen kunt aanbrengen om jouw opmaakprofielen andere resultaten te geven.

Het EersteAlinea opmaakprofiel

We hebben het *Tekstblok* profiel (eventueel) aangepast en gaan nu het *EersteAlinea* profiel maken dat gekoppeld is met het profiel *Tekstblok*.

1. Klik in het venster *Stijlen en opmaak* met de rechtermuisknop op

het profiel *Tekstblok* en selecteer **Nieuw**.

2. Op het tabblad *Beheren* wijzig je de naam van *naamloos1* in *EersteAlinea*. Zorg ervoor dat je de optie *Autom. bijwerken* **niet** aanvinkt.

3. Klik op *Volgend opmaakprofiel*, het verandert van *naamloos1* in *EersteAlinea*. Scroll naar beneden en selecteer *Tekstblok*.

4. Let op dat het *Gekoppeld met Tekstblok* is, want dat willen we.

5. Ga naar het tabblad *Inspringingen en afstanden* en verander *Inspringen Eerste regel* naar 0,50cm.

6. Laat de andere tabbladen ongewijzigd. Klik op **OK** om dit nieuwe profiel te bewaren.

Opmaakprofielen voor koppen wijzigen

Nu we het *EersteAlinea* profiel hebben gemaakt kunnen we de opmaakprofielen voor de koppen wijzigen en het gaan gebruiken als *Volgend opmaakprofiel*. Tegelijkertijd passen we de hoofdstuktitels (*Kop1*) zodanig aan dat deze automatisch op een nieuwe pagina komen.

1. Klik met de rechtermuisknop in het venster *Stijlen en opmaak* op het opmaakprofiel *Kop 1* en selecteer **Wijzigen.**

2. Op het tabblad *Beheren* verander je *Volgend opmaakprofiel* in *EersteAlinea*.

3. Op het tabblad *Tekstverloop* vink je onder *Regeleinden* het vakje bij *Invoegen* aan en ook het vakje bij *Met paginaopmaakprofiel*. Kies *Eerste pagina* uit de lijst met profielen. Laat *Paginanummer* op 0 staan. Klik op **OK.**

4. Laat de andere tabbladen ongewijzigd. Klik op **OK** om het gewijzigde profiel op te slaan.

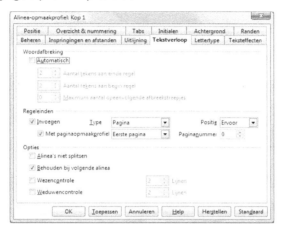

TIP
Wil je dat de eerste alinea die volgt na Kop 2, Kop 3 enz. ook inspringt, herhaal dan de stappen 1, 2, en 4 voor de profielen van Kop 2 en Kop 3, enzovoort. Stap 3 gebruik je alleen bij Kop1 en sla je over bij de andere koppen!

Samenvatting

Je hebt in dit hoofdstuk geleerd wat opmaakprofielen zijn en wat je ermee kunt doen. Het verschil tussen alinea- en pagina-opmaakprofielen is uitgebreid behandeld. Hoe je opmaakprofielen maakt en aanpast is geen geheim meer voor je.

Je bent nu in staat om de volgorde van de pagina-opmaakprofielen te bepalen en te automatiseren.

Je hebt nu de basiskennis voor de opmaak van je eigen boek geleerd. In het volgende hoofdstuk gaan we verder met de opmaak van jouw boek met het definiëren en toepassen van pagina-opmaakprofielen.

6 Pagina's opmaken

*I*n dit hoofdstuk gaan we verder met het ontwerp van je boek en gebruiken daarvoor de standaard paginaopmaakprofielen van Writer en de opmaakprofielen die we in het voorgaande hoofdstuk hebben gemaakt.

De vervolgstappen die we maken zijn:

- pagina-opmaakprofielen maken

- kop- en voetteksten opmaken

- de paginanummering instellen

- pagina-opmaakprofielen gebruiken

Zoals je inmiddels weet bestaat een boek uit verschillende soorten pagina's: titelpagina, copyrightpagina, een of meerdere pagina's met een inhoudsopgave, een titelpagina voor elk hoofdstuk enzovoort.

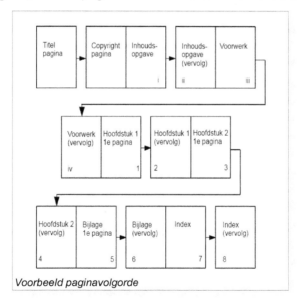

Voorbeeld paginavolgorde

Writer controleert de lay-out van deze pagina's met behulp van pagina-opmaakprofielen. Kop- en voetteksten maken deel uit van de pagina-indeling. Daarom nemen we ze op in het pagina-opmaakprofiel.

Eerst bepaal je het uiterlijk (formaat) van de pagina's in het pagina-opmaakprofiel. Dan wijs je deze pagina-opmaakprofielen toe aan de pagina's door combineren van automatisch toevoegen en handmatig wijzigen van de volgorde.

Het definiëren van pagina-opmaakprofielen

In hoofdstuk 5 hebben we de pagina-opmaakprofielen voor je boek gemaakt en de juiste volgorde vastgesteld. Nu gaan we de marges instellen en rest van de pagina-opmaak regelen.

Opmaakprofiel standaardpagina

Het Standaard pagina-opmaakprofiel is het meest gebruikte pagina-opmaakprofiel. Alle hoofdstukpagina's (met uitzondering van de eerste pagina van elk hoofdstuk) gebruiken dit profiel. Deze pagina's worden normaal gesproken *gespiegeld* weergegeven. Tegenoverliggende pagina's hebben meestal de paginanummering aan de buitenkant van de pagina en de binnenmarge is vaak breder dan de buitenmarge.

1. In het venster *Stijlen en opmaak* ga je naar het *Pagina-opmaakprofiel* en klik je met de rechtermuisknop op **Standaard** en kies **Wijzigen.**

2. In het dialoogvenster *Paginaopmaakprofiel: Standaard* kies je in het tabblad *Pagina,* in de *Papierformaat* sectie, het paginaformaat voor je boek. Je kunt hier een aangepast formaat invoeren door de afmetingen in de vakken *Breedte* en *Hoogte* te veranderen.

3. Kies voor **Gespiegeld** onder *Lay-outinstellingen naast Paginalay-out.* Het onderdeel *Opmaak* onder *Lay-outinstellingen* verwijst naar de paginanummers. Voor de standaard pagina's laat je dit staan op **1,2,3, ...**

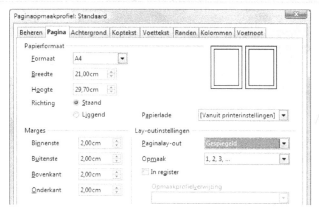

4. in het tabblad *Koptekst* kies je voor **Koptekst activeren** en verwijder je het vinkje bij **Links/Rechts dezelfde inhoud**. De rest van de instellingen laat je ongewijzigd.

5. Het tabblad *Voettekst* is bijna identiek aan het tabblad Koptekst. Kies **Voettekst activeren** en verwijder het vinkje bij **Links/Rechts dezelfde inhoud**. Laat de andere instellingen ongewijzigd.

6. Klik op **OK** om de wijzigingen op te slaan.

TIP
Je kunt hier ook de opmaak van de kop- en voetteksten aanpassen. Zie de paragraaf 'Speciale effecten met kop- en voetteksten' op pagina 183 voor meer informatie.

Opmaakprofiel Eerste pagina

De eerste pagina van een hoofdstuk begint over het algemeen op een rechterpagina. In dit boek gaan we daar in elk geval van uit. Deze eerste pagina heeft meestal geen koptekst maar kan wel een voettekst met een paginanummer hebben.

1. In het venster *Stijlen en opmaak* kies je voor *Pagina-opmaakprofiel* en klik je met de rechtermuisknop op **Eerste pagina** en kies je voor **Wijzigen.**

2. Op het tabblad *Pagina* van het dialoogvenster *Paginaopmaakprofiel: Eerste pagina* stel je het papierformaat in dat overeenkomt met het *Standaard* paginaopmaakprofiel.

3. Zet de *Paginalay-out* onder *Lay-outinstellingen* op **Alleen rechts** en stel de marges in zoals jij dat wilt.
   Meestal is de rechtermarge voor het *Eerste pagina* opmaakprofiel gelijk aan de linkermarge van het *Standaard* paginaopmaakprofiel.
   De marges *Onderkant* zijn gelijk.
   De marges *Bovenkant* kun je eventueel groter maken.

4. Zorg ervoor dat in het tabblad *Koptekst* **Koptekst activeren** niet is aangevinkt.

5. Vink in het tabblad *Voettekst* **Voettekst activeren** aan. Laat de andere instellingen ongewijzigd.

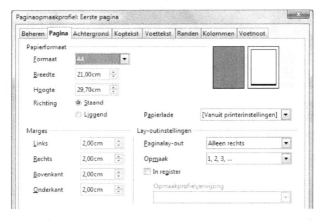

Opmaakprofiel Titelpagina

Een titelpagina is altijd een rechterpagina. De titelpagina heeft geen kop- of voettekst:

1. In het venster *Stijlen en opmaak* kies je voor **Pagina-opmaakprofiel** en klik je met de rechtermuisknop op **Titelpagina** en kies je voor **Wijzigen**.

2. Op het tabblad *Pagina* van het *Paginaopmaakprofiel: Titelpagina* stel je het papierformaat in van je boek zoals je dat ook hebt gedaan voor het *Standaard* paginaopmaakprofiel.

3. Zet de *Paginalay-out* op **Alleen rechts** en stel de marges in zoals jij dat wil. De marges van een titelpagina zijn vaak anders dan de marges van de andere pagina's in je boek.

4. Zorg er voor dat in de tabbladen Koptekst en Voettekst **Koptekst activeren** en **Voettekst activeren** *niet* zijn aangevinkt.

Opmaakprofiel Copyrightpagina

Een copyrightpagina is altijd een linkerpagina. Deze pagina heeft geen kop- of voettekst en de marges kunnen anders zijn dan de marges van andere pagina's in je boek.

1. In het venster *Stijlen en opmaak* kies je voor *Pagina-opmaakprofiel* en klik je met de rechtermuisknop op **Copyrightpagina** en kiest voor **Wijzigen.**

2. Op het tabblad *Pagina* van het *Paginaopmaakprofiel: Copyrightpagina* stel je het papierformaat in van je boek zoals je dat ook hebt gedaan voor het *Standaard paginaopmaakprofiel.* Stel de *Paginalay-out* in voor **Alleen links** en pas zo nodig de marges aan.

3. Zorg ervoor dat in de tabbladen *Koptekst* en *Voettekst* **Koptekst activeren** en **Voettekst activeren** *niet* zijn aangevinkt.

Opmaakprofiel Inhoudsopgave

Het paginaopmaakprofiel voor de eerste pagina van de inhoudsopgave is meestal gelijk aan het opmaakprofiel van de *Eerstepagina* voor hoofdstukken. Er is echter een groot verschil: de paginanummers zijn in kleine Romeinse cijfers.

1. In het venster *Stijlen en opmaak* kies je voor *Pagina-opmaakprofiel* en klik je met de rechtermuisknop op **Inhoudsopgave** en kiest daarna voor **Wijzigen.**

2. Op het tabblad *Pagina* van het *Paginaopmaakprofiel: Inhoudsopgave* stel je het papierformaat in zoals je dat ook hebt gedaan voor de *Eerstepagina*. Bij **Opmaak** in de *Lay-outinstellingen* kies je **i, ii, iii, ...** uit de lijst.

3. Zorg er voor dat in de tabbladen *Koptekst* en *Voettekst* **Koptekst activeren** en **Voettekst activeren** *niet* zijn aangevinkt. Laat de andere instellingen ongewijzigd.

Opmaakprofiel InhoudAnders

Dit paginaopmaakprofiel is vergelijkbaar met het *Standaard* paginaopmaakprofiel maar de pagina nummers zijn in kleine Romeinse cijfers.

1. In het venster *Stijlen en opmaak* kies je voor *Pagina-opmaakprofiel* en klik je met de rechtermuisknop op **InhoudAnders** en kiest voor **Wijzigen.**

2. Maak alle instellingen gelijk aan het opmaakprofiel *Standaard* behalve voor **Opmaak** in de sectie *Lay-outinstellingen* hier kies je **i, ii, iii, ...** uit de lijst in het tabblad *Pagina.*

3. Op de tabbladen *Koptekst* en *Voettekst* zet je de instellingen net zoals voor het *Standaard* paginaopmaakprofiel.

Kop- en voetteksten instellen

Kop- en voetteksten worden gedefinieerd in de paginaopmaakprofielen. Het plaatsen van tekst (of velden zoals paginanummers of de naam van het hoofdstuk) in een kop- of voettekst zorgt ervoor dat die tekst op alle pagina's verschijnt die datzelfde paginaopmaakprofiel hebben.

Onze basis paginaopmaak bevat ook enkele kop- en voetteksten. We gaan nu kijken hoe we die kunnen gebruiken.

Kop- en voetteksten bestaan meestal uit slechts een alinea. Je kunt ook complexe kop- en voetteksten ontwerpen en je kunt zelfs afbeeldingen toevoegen. We gaan nu met een eenvoudig voorbeeld aan de slag. Vanaf pagina 183 lees je meer over complexere ontwerpen.

Een snelle methode om kop- of voetteksten aan te zetten is vanaf LibreOffice versie 3.5 beschikbaar.

Raak met de muis de paskruizen boven of onderin het werkblad aan. Er verschijnt een kop- of voettekst menu (in dit voorbeeld zie je de voettekst maar de koptekst heeft dezelfde mogelijkheden).

Paginanummering

De meest eenvoudige manier om pagina's te voorzien van een paginanummering is om het paginanummer boven of onderaan elke pagina te plaatsen. Om dit voor elkaar te krijgen klik je in de kop- of voettekst en kies je vervolgens in de menubalk voor **Invoegen, Velden, Paginanummer.**

Het paginanummer verschijnt nu op elke pagina die ditzelfde paginaopmaakprofiel heeft. Je kunt het paginanummer links of rechts uitlijnen of in het midden van de pagina plaatsen.

OPMERKING
Paginanummers worden weergegeven met een grijze achtergrond. Deze achtergrond geeft aan dat het paginanummer een veld is. Deze kleur wordt niet afgedrukt en is niet zichtbaar in een pdf-bestand. Om deze functie in of uit te schakelen kies je voor **Beeld, Veldarceringen** (of je drukt op *Ctrl + F8*). Houdt er wel rekening mee dat het aan of uitzetten van de veldarceringen effect heeft op *alle velden* in het document.

Paginanummering opnieuw starten

Soms wil je de paginanummering opnieuw bij nummer 1 laten beginnen bijvoorbeeld op de eerste pagina van het eerste hoofdstuk. Je kunt ook de inhoudsopgave nummeren met Romeinse cijfers en de rest van het document nummeren in Arabische cijfers.

1. Plaats de cursor in de eerste alinea van de pagina waar je de paginanummering opnieuw wilt laten beginnen.

2. Kies in de menubalk **Opmaak, Alinea**

3. Op het tabblad *Tekstverloop* van het *Alinea* dialoogvenster vink je onder *Regeleinden* **Invoegen** aan.

4. In de keuzelijst bij *Type* kies je **Pagina.**

5. In de lijst naast *Positie* kies je **Ervoor.**

6. Om te wisselen van Romeinse naar Arabische cijfers kies je bij **Met Paginaopmaakprofiel** (in ons voorbeeld) *Eerstepagina*

7. Stel het paginanummer in waarmee je wilt beginnen (in dit voorbeeld op nummer 1) en klik op **OK.**

Pagina-opmaakprofielen toepassen

Om een boek op te maken gebruik je een combinatie van automatisch opvolgen van paginaopmaakprofielen en het handmatig regelen van de opvolging. Die techniek gaan we nu verder uitwerken in de volgende paragrafen.

Automatische opvolging van pagina-opmaakprofielen

Je boek heeft een titelpagina, een copyrightpagina, een of meer pagina's voor de inhoudsopgave en meerdere pagina's voor de hoofdstukken.

De copyrightpagina, de eerste pagina van de inhoudsopgave en de eerste pagina van elk hoofdstuk zijn gemaakt door het invoegen van handmatige pagina-einden.

De volgorde van de pagina-opmaakprofielen hebben we besproken in hoofdstuk 5 'Je boek ontwerpen met opmaakprofielen' vanaf pagina 77. Deze profielen gaan we nu toepassen.

1. In het venster *Stijlen en opmaak* klik je op **Pagina-opmaakprofielen**.

2. Zet de cursor in de titelpagina van het document en kies **Titelpagina** in het venster *Stijlen en opmaak*.

3. Ga nu naar de tweede pagina van je boek. De statusbalk onderin het Writervenster moet nu de **Copyrightpagina** als het actieve paginaopmaakprofiel laten zien.

4. Ga naar de derde pagina. De statusbalk laat nu het opmaakprofiel van de **Inhoudsopgave** zien.

5. Ga naar de volgende pagina. De statusbalk toont nu het opmaakprofiel van **InhoudAnders**.

Vanaf dit punt hebben *alle* pagina's die volgen het paginaopmaakprofiel *InhoudAnders*. Pas nu het paginaopmaakprofiel van de eerste bladzijde voor elk hoofdstuk aan zoals hieronder beschreven.

Handmatig wijzigen van opvolgende opmaakprofielen

1. Ga naar de eerste pagina van hoofdstuk 1.

2. Klik op deze pagina in de eerste alinea. Meestal is dat de hoofdstuktitel. Kies in de menubalk voor **Opmaak**, **Alinea** of klik in de alinea met de rechtermuisknop en kies **Alinea** in het pop-up menu.

3. Op de tab Tekstverloop van het *Alinea* dialoogvenster vink je onder *Regeleinden* het vakje bij **Invoegen** aan en zet je ook een vinkje bij **Met paginaopmaakprofiel**. Kies **Eerste pagina** uit de lijst met profielen.

4. Wijzig het paginanummer naar 1 (optioneel).

5. Druk op **OK**. De statusbalk laat nu voor deze pagina **Eerste pagina** als het opmaakprofiel zien.

6. Ga naar de volgende pagina. De statusbalk moet nu het **Standaard** profiel laten zien.

   Vanaf dit punt moeten alle volgende pagina's het *Standaard* paginaopmaakprofiel hebben met uitzondering van de eerste pagina van elk hoofdstuk.

   Wanneer je het Kop 1 alinea-opmaakprofiel hebt ingesteld zoals we hebben beschreven in hoofdstuk 5, moeten alle eerste pagina's van de hoofdstukken, het opmaakprofiel hebben van *Eerste pagina*.

7. Ga naar de eerste pagina van elk hoofdstuk en controleer of het paginaopmaakprofiel gelijk is aan *Eerste pagina*. Is dat niet het geval, herhaal dan de stappen 2 en 3 van deze paragraaf maar laat *Paginanummer* op 0 staan voor alle hoofdstukken behalve het eerste. Op deze manier lopen de paginanummers in het hele boek door van het ene hoofdstuk naar het volgende hoofdstuk.

Titelpagina toevoegen aan een bestaand boek

Wanneer je boek nog geen titelpagina heeft kun je deze op elk moment toevoegen.

1. Zorg ervoor dat je de alinea-einden kunt zien. Klik daarvoor op het icoon *Niet-afdrukbare tekens* of *Ctrl+F10* in de werkbalk.

2. Plaats de cursor vóór het eerste teken op de eerste pagina van je boek.

3. Kies in de menubalk **Invoegen**, **Handmatig einde**. In het dialoogvenster *Einde invoegen* kies je **Pagina-einde**. Met de andere opties doe je niets. Klik op **OK.**

4. Ga naar de nieuwe (lege) eerste pagina en zet het paginaprofiel op *Titelpagina*.

5. Schrijf of plak de tekst voor de titelpagina.

Copyrightpagina toevoegen aan een bestaand boek

Wanneer het boek wel een titelpagina heeft maar nog geen copyrightpagina kun je met onderstaande handelingen zo'n pagina alsnog invoegen.

1. Zorg dat alinea-einden zichtbaar zijn.

2. Ga met de cursor achter het laatste teken in de laatste alinea van het titelblad staan en kies **Invoegen**, **Handmatig einde** in de menubalk.

3. In het dialoogvenster *Einde invoegen* kies je **Pagina-einde.** De andere andere vakken negeer je. Klik op **OK.**

Het document heeft nu een tweede pagina met het paginaopmaakprofiel *Copyrightpagina*.

Samenvatting

In dit hoofdstuk heb je gezien hoe je de volgorde van de pagina-opmaakprofielen definieert. Je hebt geleerd hoe je kop- en voetteksten toepast en vormgeeft. Daarbij is ook de paginanummering besproken.

Hoe je de gemaakte opmaakprofielen toepast, automatisch of handmatig, is nu ook bekend. Je weet nu ook hoe je later verschillende pagina's kunt invoegen.

We zijn nu zover dat we in het volgende hoofdstuk de afzonderlijke teksten kunnen gaan opmaken.

7 Teksten opmaken

*I*n dit hoofdstuk behandelen we de basisprincipes voor het opmaken van teksten in Writer. De volgende onderwerpen komen daarbij aan bod:

- Typografie, de vormgeving van de tekst

- Woorden afbreken

- Werken met lettertypen

- Het toepassen van alineaopmaakprofielen

- Het toepassen van tekenopmaakprofielen

- Speciale tekens

- Het definiëren van tabs en inspringingen

- Werken met lijsten

Meer geavanceerde opmaaktechnieken worden beschreven in Hoofdstuk 11.'Speciale effecten'.

Typografie

Typografie passen we toe om het doel en de inhoud van een tekst te ondersteunen. Daarbij kun je denken aan de keuze van de tekstindeling, het lettertype, de tekstgrootte en de tekstkleur. Om jouw boek een professionele uitstraling te geven volgen hieronder een paar eenvoudige typografische principes:

- Kies een lettertype (font) en lettergrootte die gemakkelijk te lezen en af te drukken zijn. Sommige lettertypen zijn te dun of te juist te dik. Om een juiste keuze te maken voor een goed lettertype kun je boeken en websites over dit onderwerp raadplegen.

- Gebruik gekrulde aanhalingstekens met enkele of dubbele tekens en accenttekens en niet de rechte aanhalingstekens. Voor symbolen zoals inch (") of minuut (') gebruik je juist wel de rechte aanhalingstekens.

- Om gekrulde aanhalingstekens te krijgen ga je naar **Extra**, **Opties voor AutoCorrectie**, **Gelokaliseerde opties**. Zet een vinkje voor **Vervangen** bij zowel *Enkele-* als *Dubbele aanhalingstekens*. We gebruiken enkele- en dubbele aanhalingstekens meestal als volgt:

    - dubbele aanhalingstekens voor citaten;

    - enkele aanhalingstekens voor een citaat in een citaat, een citaat van enkele woorden of voor woorden met een speciale status.

Hieronder volgen enkele aandachtspunten die je mee kunt nemen in je overwegingen bij het maken van bepaalde typografische keuzes.

- Zorg dat de gekrulde aanhalingstekens op de juiste manier weergegeven worden. Controleer hoe de tekens op het scherm worden weergeven en als je ze afdrukt. Maak ook een PDF om te controleren of alles goed weergegeven wordt.

- Gebruik echte afbreekstreepjes en niet twee of drie koppeltekens. Zie 'Invoegen van streepjes' op pagina 112.

- Gebruik de juiste symbolen voor het auteursrecht (©), geregistreerd handelsmerk (®), graden (°), vermenigvuldigingsteken (×, niet de gewone x), bepaalde breuken en andere speciale symbolen.
  Je kunt hiervoor *Opties voor AutoCorrectie* gebruiken maar ook **Invoegen**, **Speciale tekens**. Het gewenste symbool is ook afhankelijk van het gebruikte lettertype.

- Bepaal of je alinea's volledig uitgevuld dan wel links gelijnd moeten zijn. Dit wordt vrije regelval genoemd. Veel mensen denken dat 'echte boeken' gebruik moeten maken van volledig uitgevulde tekst maar links lijnende teksten worden steeds vaker toegepast. Ook in boeken van gerenommeerde uitgevers. Volledig uitvullen geeft vaak niet de gewenste kwaliteit. Om volledig uitvullen goed te krijgen moet je veel handmatig aanpassen.

- Bepaal of je woorden wilt afbreken aan het einde van de regel. Wanneer je volledig uitgevulde alinea's gebruikt kan de spatiëring tussen de woorden er erg lelijk uitzien als woorden niet worden afgebroken.

Woorden afbreken

Je hebt verschillende keuzes wat betreft het afbreken van woorden:

- Je laat het automatisch doen door Writer (met de functie woordafbreking)

- Je plaatst handmatig voorwaardelijke koppeltekens waar ze nodig zijn

- Of je breekt woorden helemaal niet af.

Elke keuze heeft zijn voor- en nadelen. Het heeft de voorkeur om afbreektekens handmatig in te voegen wanneer je volledig uitgevulde alinea's gebruikt. Maak liever geen gebruik van afbreken wanneer je links lijnende alinea's gebruikt (vrije regelval).

Wanneer je Writer automatisch woorden laat afbreken moet je tijdens het proeflezen van je boek nauwkeurig controleren of de woordafbreking wel correct is uitgevoerd.

Om woorden automatisch af te breken ga je als volgt te werk:

1. In het venster *Stijlen en opmaak* klik je in de *Alineaopmaakprofielen* met de rechtermuisknop op **Standaard** en vervolgens op **Wijzigen**.

2. In het dialoogvenster *Alinea-opmaakprofiel: Standaard* kies je het tabblad *Tekstverloop*.

3. Onder *Woordafbreking* kun je aangeven of je gebruik wilt maken van **Automatische** woordafbreking of niet.

4. Klik op **OK** om de wijzigingen op te slaan.

OPMERKING
Het inschakelen van woordafbreking voor het *Standaard alinea-opmaakprofiel* zorgt ervoor dat dit werkt op alle alinea-

opmaakprofielen die op het Standaardprofiel zijn gebaseerd. Je kunt afzonderlijke profielen zodanig instellen dat woordafbreking niet actief is. Ieder ander profiel dat niet is gebaseerd op het Standaard alineaopmaakprofiel wordt hierdoor niet beïnvloed en moet apart worden ingesteld als je wilt dat die profielen ook woordafbreking toepassen.

Je kunt ook een aantal woordafbrekingskeuzes uitvoeren via **Extra**, **Opties**, **Taalinstellingen**, **Linguïstiek**. In het vak *Opties*, scroll je naar beneden in het venster, waar je de instellingen voor woordafbreking vindt.

Via de knop **Bewerken** kun je het minimum aantal tekens voor woordafbreking wijzigen. Ook het minimum aantal *Tekens voor een regeleinde* of *Tekens na regeleinde* kun je hier aanpassen.

Woordafbreking zonder bevestiging geeft aan dat er nooit gevraagd wordt om handmatig woorden af te breken wanneer het woordenboek het woord niet herkent. Wanneer dit vakje niet is aangevinkt opent een dialoogvenster wanneer een woord niet wordt herkend en kun je handmatig afbreekstreepjes invoegen.

Speciale bereiken scheiden betekent dat woordafbreking ook wordt uitgevoerd in voetnoten en kop- en voetteksten.

De opties voor woordafbreking die je kunt instellen in het dialoogvenster *Linguïstiek* zijn alleen actief als woordafbreking is ingeschakeld in de alineaopmaakprofielen.

LET OP
De keuzes in het dialoogvenster *Linguïstiek* voor *Tekens vóór regeleinden* en *Tekens na regeleinde* overschrijven de instellingen die in alineaopmaakprofielen zijn ingesteld bij *Aantal tekens aan einde* regel en *Aantal tekens aan begin* regel in het tabblad *Tekstverloop*.

Handmatige woordafbreking

Wanneer je handmatig woorden wilt afbreken gebruik dan geen normaal koppelteken. Dat zal namelijk zichtbaar blijven ook als het woord niet meer aan het eind van een regel staat omdat je tekst toevoegt of verwijdert of de marges of de grootte van het lettertype wijzigt. Gebruik in plaats daarvan een voorwaardelijke koppelteken. Dat is alleen zichtbaar wanneer het nodig is.

Om een voorwaardelijk koppelteken in een woord in te voegen druk je op de plaats waar je het koppelteken wilt laten verschijnen **Ctrl + koppelteken** (-). Het woord wordt op deze plaats afgebroken wanneer het op het einde van de regel staat. Dat geldt ook wanneer automatische woordafbreking voor deze alinea is uitgeschakeld.

Werken met lettertypen

De werking van lettertypen wordt geregeld in zowel de alineaopmaakprofielen als in de Tekenopmaakprofielen. Alineaopmaakprofielen definiëren de kenmerken van het lettertype voor de hele alinea. Wanneer je een Tekenopmaakprofiel toekent aan een stuk geselecteerde tekst in een alinea overschrijft het Tekenopmaakprofiel de instellingen van het Alineaopmaakprofiel voor dat stuk tekst.

Je kunt een groot aantal wijzigingen aanbrengen in lettertypen en lettertypegroottes van alinea's en tekens. Dat doe je via de knoppen op de werkbalk *Opmaak*. Het verdient echter aanbeveling dat je gebruik maakt van opmaakprofielen en dus niet via een handmatige opmaak. Dat geldt in het bijzonder voor boeken en andere grote documenten. Zoals uitgelegd in hoofdstuk 5 'Een boek opmaken met opmaakprofielen' is het werken met opmaakprofielen op de lange duur veel eenvoudiger en gemakkelijker. Daarom gaan we in dit boek niet verder in op handmatige opmaak.

Alineaopmaakprofielen

Het Alineaopmaakprofiel dialoogvenster heeft drie tabbladen die te maken hebben met lettertypen. Andere tabbladen zijn beschreven in hoofdstuk 5 in de paragraaf 'Maken en bewerken van alineaopmaakprofielen' vanaf pagina 84.

Lettertype

Hiermee stel je het *lettertype*, de *Stijl* en *Grootte* in. Je kunt de grootte op verschillende manieren instellen. Je kunt een percentage van het lettertype opgeven zoals dat is gedefinieerd voor het alineaopmaakprofiel waarop het profiel is gebaseerd. Je kunt bijvoorbeeld een kop maken die 130% groter is dan de standaard lettertypegrootte. Wanneer je later de standaardlettertype groter of kleiner maakt blijven de koppen in de juiste verhouding ten opzichte van de standaard lettertypegrootte. Op dit tabblad kun je ook de taal voor deze alinea wijzigen zodat bij spellingscontrole het juiste woordenboek wordt gebruikt. Dit kan erg handig zijn wanneer je in je boek bijvoorbeeld een Engelstalig stuk tekst opneemt.

Teksteffecten

Via dit tabblad stel je bijvoorbeeld de kleur van het lettertype in maar ook onderstreping, het toevoegen van een reliëf of andere effecten zijn hier mogelijk.

Positie

Hier kun je onder andere tekstrotatie en de afstand tussen de tekens instellen voor een alineaopmaakprofiel. Zie verder hoofdstuk 11 voor een aantal voorbeelden van het gebruik hiervan. Superscript en subscript worden in Tekenopmaakprofielen gebruikt.

Tekenopmaakprofielen

Tekenopmaakprofielen zijn een aanvulling op de alineaopmaakprofielen maar werken slechts op enkele tekens of op een selectie van tekens. Ze worden gebruikt wanneer je het uiterlijk of de kenmerken van delen van een woord of een zin in een alinea wilt aanpassen. Effecten die je met tekenopmaakprofielen kunt krijgen zijn een **vet** of *cursief* lettertype, subscript of wisselen naar een ander lettertype.

Tekenopmaakprofielen hebben niet zo veel mogelijkheden als alineaopmaakprofielen maar de tabbladen *Lettertype Teksteffecten* en *Positie* zijn vergelijkbaar. In hoofdstuk 12 'Speciale effecten' laten we een aantal voorbeelden zien van het gebruik van Tekenopmaakprofielen.

Wanneer je gewend bent om teksten handmatig op te maken kan het even wennen zijn om op de juiste wijze met Tekenopmaakprofielen om te gaan. Hieronder volgen daarom enkele suggesties om de omschakeling wat gemakkelijker voor je te maken:

- Combineer nooit tekenopmaakprofielen met handmatige opmaak. Handmatige opmaak vervangt namelijk de opmaak die je hebt gedefinieerd in tekenopmaakprofielen. Wanneer je de twee methoden door elkaar gebruikt kan het gebeuren dat je vele uren tijd kwijt bent om te achterhalen waarom jouw tekenopmaakprofiel niet goed werkt.

- Klik met de rechtermuisknop in een woord of selectie van woorden en kies dan in het menu voor **Directe opmaak wissen.** Dit verwijdert alle tekstopmaak, zowel handmatig aangebracht als de opmaak via profielen.

- Houdt het venster Stijlen en opmaak geopend om de alineaopmaak- en tekenopmaakprofielen gemakkelijker te kunnen bereiken tijdens je werk.

Alineaopmaakprofielen en tekenopmaakprofielen toepassen

Writer heeft een aantal mogelijkheden om opmaakprofielen toe te passen op alinea's en tekens:

- Met het venster *Stijlen en opmaak*

- Het gebruik van de lijst *Opmaakprofiel toepassen* (alleen alineaopmaakprofielen)

- Het gebruik van de *Gietermodus*

- Het gebruik van sneltoetsen

Om een alineaopmaakprofiel toe te passen klik je in een alinea en kies je vervolgens een van deze methoden.

Om een tekenopmaakprofiel toe te kennen aan een tekst selecteer je eerst die tekst en kies je vervolgens een van de hierboven genoemde mogelijkheden.

Het venster Stijlen en opmaak

Klik ergens in de alinea of selecteer de tekst die je wilt opmaken en dubbelklik vervolgens op de naam van het profiel in het venster *Stijlen en opmaak.*

TIP
Aan de onderkant van het venster Stijlen en opmaak bevindt zich een drop-down lijst. In de afbeelding op pagina 79 staat daar *Automatisch.* Dat betekent dat de lijst alleen de profielen laat zien die automatisch door Writer worden toegepast. Je kunt hier kiezen om *Alle opmaakprofielen* te laten zien, alleen *Aangepaste*

opmaakprofielen, of andere groepen van opmaakprofielen die in de lijst voorkomen.

Lijst Opmaakprofielen

Als je een alineaopmaakprofiel tenminste een keer in een document hebt gebruikt komt de profielnaam in de lijst *Opmaakprofiel toepassen* voor. Je vindt deze lijst links in de Opmaak werkbalk naast het icoon Stijlen en opmaak.

Klik in de alinea waarop je een opmaakprofiel wilt toepassen. Open dan de lijst *Opmaakprofiel toepassen* door op het pijltje naar beneden te klikken en klik op het profiel dat je wil gebruiken.

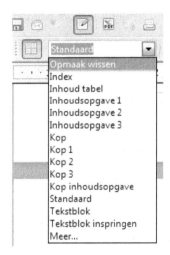

TIP
Wanneer je op **Meer...**, onderin het venster klikt, wordt het venster *Stijlen en opmaak* geopend. Staat dit venster al open dan springt de cursor naar dit venster.

Gietermodus

Gebruik de Gietermodus om een profiel snel toe te passen op verschillende gebieden. Je hoeft dan niet telkens terug naar het venster *Stijlen en opmaak*. Ook is het dan niet nodig om elke keer de Opmaakprofiel lijst te openen.

1. Open het venster *Stijlen en opmaak* en selecteer het profiel dat je wilt gebruiken.

2. Klik op het **Gietermodus** icoon. De muisaanwijzer verandert in een gieter pictogram.

3. Wanneer je een alineaopmaakprofiel wilt toepassen op een alinea klik dan op de alinea. Om een tekenopmaakprofiel toe te passen houd je de muisknop ingedrukt bij het selecteren van de tekens. Wanneer je de muisknop loslaat, wordt het profiel toegepast. Je kunt ook op een woord klikken waarop dan het geselecteerde tekenopmaakprofiel wordt toegepast.

4. Herhaal stap 3 totdat je alle wijzigingen hebt uitgevoerd die je met het opmaakprofiel wilde maken.

5. Om de Gietermodus te verlaten klik je opnieuw op het **Gietermodus** icoon of je drukt op de *Esc-toets.*

LET OP
Wanneer de Gietermodus actief is annuleert een rechtermuisklik ergens in het document de laatste Gietermodus actie. Let dus op dat je niet per ongeluk op de rechtermuisknop drukt waardoor opmaak verdwijnt die je eigenlijk wilde behouden.

Sneltoetsen

Sommige sneltoetscombinaties die je kunt gebruiken voor het toepassen van alineaopmaakprofielen zijn al voorgedefinieerd zoals Ctrl+0 voor Tekstblok, Ctrl+1 voor Kop 1 en Ctrl+2 voor Kop 2. Je kunt deze sneltoets combinaties aanpassen. In hoofdstuk 14 'Writer instellen' lees je daar meer over.

Speciale tekens

Een speciaal teken is een teken dat niet standaard op het toetsenbord voorkomt. Voorbeelden van speciale tekens zijn: © ¾ æ ñ ö ø ¢. Om een speciaal teken in je tekst in te voegen ga je als volgt te werk:

1. Klik op de plaats waar je het teken wilt invoegen.

2. Kies **Invoegen**, **Speciale tekens** om dialoogvenster *Speciale tekens* te openen.

3. Selecteer de tekens die je wilt invoegen in de gewenste volgorde en klik op **OK**.
   Een voorbeeld van het geselecteerde teken samen met de numerieke code voor dat teken, zie je rechtsonder in het venster *Speciale tekens*.

OPMERKING
Verschillende lettertypes hebben verschillende speciale tekens. Wanneer je een bepaald teken dat je wilt gebruiken niet kunt vinden probeer het dan eens met een ander lettertype.

Vaste spaties en koppeltekens

Om te voorkomen dat twee woorden aan het einde van een regel worden gescheiden druk je op *Ctrl + spatiebalk* na het eerste woord (in plaats van alleen de spatiebalk) om een vaste spatie in te voegen.

In die gevallen waarin je niet wilt dat op het einde van een regel een koppelteken verschijnt, bijvoorbeeld in een telefoonnummer zoals 020-1234567, druk je op *Shift + Control + koppelteken* om een vast koppelteken in te voegen. Dit koppelteken wordt met een grijze achtergrond op het scherm weergegeven.

Invoegen van streepjes

Er bestaan twee soorten afbreekstreepjes. Een lang en een kort streepje. Het lange streepje noemen we een *em-streepje* en *heeft* de lengte van de hoofdletter M. *Het korte streepje,* een *en-streepje,* heeft de lengte van de kleine letter *n.* Deze streepjes worden gebruikt voor verschillende toepassingen in de typografie. Het korte (*en*) streepje, ook wel divisie genoemd, gebruik je voor spellingfuncties. Het langere dunne (*em*) streepje, in jargon ook wel het halve kastlijntje genoemd, gebruiken we voor andere gevallen, zoals het gedachtestreepje.

De Wikipedia pagina *http://nl.wikipedia.org/wiki/Afbreekstreepje* geeft een goede en uitgebreide toelichting op alle soorten afbreekstreepjes.

Je kunt *en-* en *em-streepjes* op verschillende manieren maken. Het type streepje bepaal je door het wel of niet gebruiken van spaties voor of na de streepjes:

resultaat		toetsaanslagen
A-B	en-streepje	A, afbreekstreepje, B
A – B	em-*streepje*	A, spatie, afbreekstreepje, spatie, B

Je kunt ook **Invoegen**, **Speciale tekens** gebruiken waar je kiest voor U +2013 en U +2014 tekens Bijvoorbeeld Lettertype *Arial* Subverzameling *Algemene interpunctie*.

TIP
Je kunt ook macro's maken om en- en em-streepjes in te voegen die je vervolgens toewijst aan nog niet gebruikte toetscombinaties zoals bijvoorbeeld *Ctrl + Shift + N* en *Ctrl + Shift + M*. Zie daarvoor hoofdstuk 14 'Writer instellen'.

Tabs en inspringingen

De standaard tabstop interval zoals die is gedefinieerd in **Extra, Opties, LibreOffice Writer, Algemeen** regelt twee dingen:

- tabstops binnen alinea's en

- inspringen van hele alinea's bij gebruik van de knop *Inspringing vergroten* die je vindt op de werkbalk *Opmaak.*

OPMERKING
Het is niet verstandig om met de standaard tabstops ruimte in teksten te maken of teksten op een pagina uit te lijnen.

- Wanneer je de standaard tab-instelling gebruikt in een document, dat je naar bijvoorbeeld de drukker stuurt, kan dat problemen opleveren als de drukkerij andere standaard tab-instellingen in zijn programma gebruikt. Jouw tab-instellingen zullen dan anders worden weergegeven.

- Alle wijzigingen aan de *standaard tabstop instellingen* veranderen ook alle bestaande standaard tab instellingen in andere documenten die je daarna opent.

Om deze ongewenste wijzigingen te voorkomen definieer je je eigen tabstops in alineaopmaakprofielen of in individuele alinea's. Dat doe je via het tabblad *Tabs* van het *Alinea* dialoogvenster.

Nog beter is het om de wijzigingen in het alineaopmaakprofiel op te nemen.

Klik daarvoor met de rechtermuisknop in de alinea en kies voor **Alinea-opmaakprofiel bewerken...**(onderin het venster). Ga dan naar het tabblad *Tabs.*

Om de inspringing van een of meer geselecteerde alinea's te veranderen gebruik je het tabblad *Inspringingen en afstanden* van het dialoogvenster *Alinea-opmaakprofiel.*

Je kunt ook de inspringing wijzigen zoals in het alineaopmaakprofiel is gedefinieerd. Klik rechts in de alinea en klik op **Alinea-opmaakprofiel bewerken...** en ga naar het tabblad Inspringingen en afstanden.

Lijstopmaakprofielen

Lijstopmaakprofielen werken samen met alineaopmaakprofielen. Ze definiëren de inspringing, uitlijning en de nummering- of opsommingstekens die gebruikt worden voor lijst onderdelen. Je kunt vele soorten lijstopmaakprofielen definiëren van eenvoudige lijsten met opsommingstekens tot complexe lijsten met meerdere niveaus (geneste lijsten).

Om snel een eenvoudige lijst te maken gebruik je pictogrammen in de opmaakwerkbalk voor *Nummering aan/uit* of *Opsommingstekens aan/uit*. Complexe geneste lijsten maak je met de pictogrammen in werkbalk *Nummering/opsommingstekens*. Vaak zal het uiterlijk van de lijst tegenvallen. Wanneer je later het uiterlijk van de lijsten gaat wijzigen kost je dat veel tijd. Met behulp van de Lijstopmaakprofielen gaat het meestal een stuk beter en sneller.

OPMERKING
Writer gebruikt twee termen voor hetzelfde: het opmaakprofiel voor nummering en het lijstopmaakprofiel. De tooltip in het venster *Stijlen en opmaak* laat bijvoorbeeld *Lijstopmaakprofielen* zien. Het dialoogvenster heet echter *Opmaakprofiel voor nummering*.

Een nieuw lijstopmaakprofiel maken

Het dialoogvenster waarin je een nieuw opmaakprofiel maakt bestaat uit zes tabbladen naast het gebruikelijke tabblad *Beheren*.

De tabbladen *Opsommingstekens*, *Opmaakprofiel voor nummering* en *Afbeeldingen* bevatten vooraf gedefinieerde en opgemaakte symbolen. Om een van die symbolen te gebruiken voor een nieuw opmaakprofiel klik je op de afbeelding. Een blauw kader geeft aan dat je dat item hebt geselecteerd.

De symbolen op het tabblad *Opsommingstekens* zijn lettertype tekens. De symbolen op het tabblad *Afbeeldingen* zijn grafische afbeeldingen.

Tabblad Overzicht

Het tabblad *Overzicht* gebruik je om uit acht vooraf gedefinieerde geneste lijsten een keuze te maken. Een geneste lijst is een lijst met verschillende niveaus binnen de lijst. De lijst op pagina 119 in de paragraaf 'Combineren lijst- en opmaakprofielen' is genummerd met a-b-c en genest binnen de lijst die genummerd is met de cijfers 1, 2, 3 en 4. Geneste lijsten kunnen verschillende niveaus diep zijn.

Je kunt er ook voor kiezen om, als uitgangspunt voor je eigen lijstopmaakprofiel, een vooraf gedefinieerde lijst te gebruiken. Je gebruikt dan de tabbladen *Positie* en *Opties* om het profiel aan je eigen wensen aan te passen.

Tabblad Positie

Het tabblad *Positie* gebruik je om de inspringing en spatiëring van de symbolen in de lijst nauwkeurig in te stellen ten opzichte van de tekst in de lijst. Gebruik dit tabblad samen met het tabblad *Opties* dat we verderop bespreken.

Je kunt al deze instellingen voor elk niveau afzonderlijk aanpassen maar ook allemaal in een keer om ze er bijvoorbeeld allemaal hetzelfde uit te laten zien. Ik adviseer je echter om de instellingen aan te passen in de volgorde zoals hieronder beschreven en niet in de volgorde van het dialoogvenster.

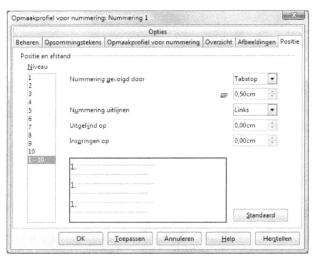

- **Nummering gevolgd door**: het onderdeel dat rechts na het opsommingsteken komt. Je kunt hier kiezen tussen een *Tabstop*, een *Spatie*, of *Niets*. Wanneer je de tabstop kiest kun je de positie van de tabstop aangeven naast **Op**.

- **Inspringen op**: geeft de ruimte aan die is gereserveerd voor het nummering symbool, gemeten vanaf de linkermarge van de pagina. De uitlijning van de eerste regel van de lijst wordt ook beïnvloed door iedere tabstop die je hebt ingesteld om de nummering te volgen.

- **Uitgelijnd op**: de positie van het nummering symbool, gemeten vanaf de linkermarge van de pagina.

- **Nummering uitlijning**: geeft aan hoe de nummering (inclusief de tekst voor of na zoals je hebt ingesteld in het tabblad *Opties*) wordt uitgelijnd. Kies uit het drop-down menu voor *Links*, *Midden* of *Rechts* uitlijnen. De waarde bij **Uitgelijnd op** bepaalt de uitlijning van het symbool.

TIP
Wanneer je de afstand van de *Nummering gevolgd door* gelijk houdt aan de afstand *Inspringen op* werkt dit over het algemeen goed.

TIP
Om de uitlijning van de nummering optimaal te krijgen maak je eerst een genummerde lijst met meer dan tien elementen. Zorg er vervolgens voor dat je voldoende ruimte hebt voor getallen met meer dan twee cijfers.

OPMERKING
Het tabblad Positie werkt anders voor lijsten die zijn gemaakt in documenten met een oudere versie van Writer. Zie de *Writer Guide* voor meer informatie.

Tabblad Opties

In het tabblad *Opties* maak je het uiterlijk van de opsommingslijst op.

Allereerst kies je aan de linkerkant het niveau dat je wilt wijzigen. Om alle niveaus in een keer te wijzigen kies je voor 1 - 10 als niveau. Als een eerder gemaakt lijstopmaakprofiel je uitgangspunt is, is een aantal niveaus al ingesteld.

De keuze van de opmaak van het nummeringsopmaakprofiel (opsommingstekens, afbeeldingen of een nummering zoals 1, 2, 3, ...) bepaalt welke andere opties beschikbaar zijn. De rechterkant van het dialoogvenster toont een voorbeeld van de wijzigingen.

Om terug te keren naar de standaardwaarden klik je op **Herstellen** in de rechter benedenhoek van het venster.

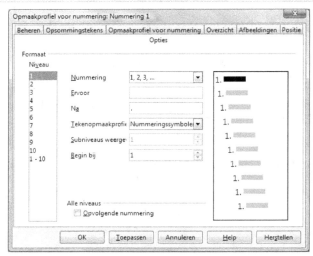

Lijstopmaakprofielen toepassen

Nu het lijstopmaakprofiel beschikbaar is kan het snel in een document worden toegepast. Selecteer de lijst en dubbelklik vervolgens op de gewenste naam van het lijstopmaakprofiel in het venster *Stijlen en opmaak.*

Denk er aan dat het toepassen van een lijstopmaakprofiel geen invloed heeft op de kenmerken van de onderliggende alinea. Daarom moet je ervoor zorgen dat het alineaopmaakprofiel naar jouw wens is voordat je een lijstopmaakprofiel toepast.

Wanneer je meer dan één lijst in een document gebruikt zal de nummering in de tweede en alle volgende lijsten met hetzelfde opmaakprofiel voortgezet worden. Om een opsommingslijst weer op nummer 1 te laten beginnen kun je met de rechtermuisknop ergens in een alinea klikken en dan kiezen voor **Nieuwe nummering**.

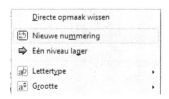

Om met de nummering te stoppen klik je in de werkbalk *Opmaak* op het icoon **Nummering aan/uit** of je drukt op de toetsen **Shift+F12**

TIP
Wanneer je van plan bent om verschillende documenten te combineren tot één boek wees er dan op bedacht dat je de lijstnummering opnieuw start voor iedere eerste lijst in ieder hoofdstuk. Als je dat niet doet zal de nummering doorgaan met de nummering van het vorige hoofdstuk.

Lijst- en alineaopmaakprofielen Combineren

Wanneer je een genummerde lijst gebruikt met een lijstopmaakprofiel, blijft het onderliggende alineaopmaakprofiel ongewijzigd. Wanneer de lijst een ander lettertypegrootte, afwijkende inspringingen enzovoort moet bevatten, kun je heel eenvoudig een lijstopmaakprofiel combineren met een alineaopmaakprofiel.

Om een lijstopmaakprofiel te combineren met een alineaopmaakprofiel maak je gebruik van het tabblad *Overzicht & nummering* in het dialoogvenster van het alineaopmaakprofiel.

1. Maak het lijstopmaakprofiel dat je wilt gebruiken voor de alinea; in ons voorbeeld is dit **MijnLijst**.

2. Maak een nieuw alineaopmaakprofiel.

3. Op het tabblad *Beheren* van het dialoogvenster *Alinea-opmaakprofiel*:

    a) Geef je het nieuwe alineaopmaakprofiel een nieuwe naam bijvoorbeeld **GenummerdeAlinea**

    b) Voor *Volgend opmaakprofiel* kies je **GenummerdeAlinea**. Dit zorgt ervoor dat de volgende alinea hetzelfde opmaakprofiel krijgt totdat je een ander profiel kiest.

    c) Voor *Gekoppeld aan* kies je **Geen.**

4. Stel dit alineaopmaakprofiel verder naar wens in. De inspringingen worden geregeld door het *lijstopmaakprofiel.* Op het tabblad *Inspringingen en afstanden* hoef je daarom niets te wijzigen. Je zou hooguit de afstand *Vóór tekst* en *Na tekst* (van de alinea) iets kunnen aanpassen.

5. Op het tabblad *Overzicht&nummering* kies je bij *Opmaakprofiel voor nummering* voor **MijnLijst** die je in stap 1 hebt gemaakt.

6. Klik op **OK** om dit profiel op te slaan.

Samenvatting

Je hebt in dit hoofdstuk gezien hoe je de typografie van je boek aanpakt. Je hebt kennis gemaakt met het afbreken van woorden, zowel handmatig als automatisch.

Uitgebreid hebben we stilgestaan bij het toepassen van lettertypes en hoe je deze opneemt in alinea- of teken-opmaakprofielen. Het toepassen van deze profielen is ook besproken.

We hebben ruimschoots stilgestaan bij het gebruik van speciale tekens, vaste spaties en koppeltekens evenals het invoegen van verschillende soorten streepjes.

Definiëren van tabs en het werken met lijsten is ook uitgebreid besproken.

In het volgende hoofdstuk ga je ontdekken hoe je een inhoudsopgave maakt en vormgeeft.

8 Inhoudsopgave

Of je boek een inhoudsopgave nodig heeft hangt een beetje af van wat jij zelf wilt en wat gebruikelijk is. Romans hebben meestal geen inhoudsopgave maar non-fictie boeken, verzamelingen van korte verhalen en dichtbundels wel. Writer heeft net zoals andere tekstverwerkers een handige manier om een inhoudsopgave geautomatiseerd samen te stellen. Die inhoudsopgave is gebaseerd op de koppen van de titels en subtitels van de hoofdstukken van je boek.

In dit hoofdstuk leggen we uit hoe je:

- snel een inhoudsopgave maakt met de standaardinstellingen

- de volgorde (hiërarchie) van koppen instelt

- een inhoudsopgave aanpast aan jouw wensen

Voordat je begint moet je ervoor zorgen dat de koppen consequent zijn ingesteld. De standaard opmaakprofielen voor hoofdstuktitels en subtitels in Writer zijn *Kop 1*, *Kop 2*, *Kop 3*, enzovoort. Koppen met deze opmaakprofielen worden in de inhoudsopgave opgenomen.

Je kunt voor de koppen elk opmaakprofiel gebruiken dat je wilt, inclusief aangepaste opmaakprofielen. Je zult echter enkele aanpassingen moeten maken die ik verderop in dit hoofdstuk uitleg.

Snel een inhoudsopgave maken

Hoewel een inhoudsopgave in Writer uitgebreid kan worden aangepast zijn de standaard instellingen meestal goed genoeg, totdat je in de laatste fase van het ontwerp en de lay-out van je boek bent aanbeland .

Snel een inhoudsopgave maken is simpel:

1. Zorg er voor dat je boek gebruik maakt van de standaard alineaopmaakprofielen voor de koppen (titels van hoofdstukken en subtitels): *Kop 1*, *Kop 2* en *Kop 3*.

2. Klik ergens in het document waar je de inhoudsopgave wilt laten verschijnen.

3. Selecteer in de menubalk **Invoegen**, **Inhoudsopgave en registers**, **Inhoudsopgave en registers**.

4. Wanneer je in je boek index ingangen hebt gedefinieerd zorg dan dat **Indexmarkeringen** is uit gevinkt wanneer je een inhoudsopgave maakt.

5. Verander verder niets in het dialoogvenster *Index/Inhoudsopgave,* klik op **OK**.
   Het resultaat is een inhoudsopgave op de plaats waar de cursor staat.

TIP
Wanneer sommige (sub) koppen niet in de inhoudsopgave voorkomen controleer dan of de koppen goed zijn gedefinieerd. Wanneer een hele serie van een bepaalde (sub)kop niet zichtbaar is lees dan vooral de volgende paragraaf 'Hiërarchie definiëren van kopregels' op pagina 122 goed door.

Je kunt een bestaande inhoudsopgave op elk moment wijzigen. Klik met de rechtermuisknop ergens in de inhoudsopgave en kies in het pop-up menu voor **Index/Inhoudsopgave bewerken**. Ga dan verder zoals beschreven in het hoofdstuk 'Inhoudsopgave aanpassen' op pagina 124.

De inhoudsopgave heeft een grijze achtergrond. Deze achtergrond wordt niet afgedrukt en wordt niet weergegeven in een pdf-bestand. Wanneer je deze grijze achtergrond wilt uitschakelen ga je naar **Extra**, **Opties**, **LibreOffice**, **Vormgeving**. Scroll naar beneden naar het onderdeel *Tekstdocument*. Vink daar de optie voor **Inhoudsopgave- en registerarceringen** uit.

Deze wijziging laat een grijze achtergrond zien op de puntjes tussen de kop en het paginanummer omdat de puntjes deel uitmaken van een tabulatorstop. Om ook die achtergrond uit te zetten ga je naar **Extra**, **Opties**, **LibreOffice Writer**, **Opmaak hulp** en vink de optie voor (Weergeven van) **Tabs** uit.

Hiërarchie definiëren van kopregels

Alineaopmaakprofielen zijn dé oplossing van Writer voor een goede en automatische inhoudsopgave. De alineaopmaakprofielen die de overzicht niveaus van Writer bepalen zijn de met Writer meegeleverde opmaakprofielen: *Kop 1*, *Kop 2*, *Kop 3* enzovoort.

Via **Extra**, **Hoofdstuknummering...** bepaal je de hiërarchie van koppen in een document. Deze naam is misleidend want koppen hoeven geen nummers te bevatten. Hij heeft uitsluitend betrekking op het niveau van de kop.

Wanneer je gebruik maakt van de standaard kopopmaakprofielen voor koppen en je wilt geen hoofdstuknummering gebruiken voor automatische nummering van de koptitels van je hoofdstukken, dan hoef je in het dialoogvenster *Overzichtsnummering* niets te doen. Je kunt hier wel controleren of de juiste opmaakprofielen worden weergegeven voor elk kopniveau dat je wilt opnemen in de inhoudsopgave.

Alineaopmaakprofielen voor overzichtsniveaus

Wanneer je aangepaste alineaopmaakprofielen gebruikt in plaats van een of meer van de standaard kopopmaakprofielen, of je gebruikt de automatische nummering van koppen voor de hoofdstuktitels:

1. Zorg er dan voor dat de aangepaste alineaopmaakprofielen goed zijn gedefinieerd.
    In ons voorbeeld gebruiken we er slechts een: *MijnKop1* voor de hoofdstuktitels.

2. Klik op **Extra**, **Hoofdstuknummering** om het dialoogvenster *Overzichtsnummering* te openen.

3. Klik op het nummer in het vak *Niveau* dat overeenkomt met de kop waarvoor je het alinea-opmaakprofiel wilt aanpassen.
    In ons voorbeeld is dit niveau 1.

4. In de sectie *Nummering* kies je in de sectie *Alinea-opmaakprofiel* uit de drop-down lijst het alineaopmaakprofiel dat je wilt toewijzen aan dat kop niveau.
    Voor ons voorbeeld kiezen we voor *MijnKop1* om *Kop 1* te vervangen.

5. Herhaal dit voor elk niveau dat je wilt wijzigen. Klik op **OK** wanneer je klaar bent.

Inhoudsopgave aanpassen

Je kunt de inhoud en het uiterlijk van een inhoudsopgave altijd en op verschillende manieren aanpassen.

Om een inhoudsopgave aan te passen klik je met de rechtermuisknop ergens in de inhoudsopgave en kies je voor **Index/inhoudsopgave bewerken**.

Het dialoogvenster *Index/inhoudsopgave invoegen* verschijnt. Dit dialoogvenster heeft vijf tabbladen. Al deze tabbladen kun je gebruiken om de weergave van de inhoudsopgave aan te passen

- Gebruik het tabblad *Index/inhoudsopgave* om de basis eigenschappen van de tabel in te stellen.

- De tabbladen *Items* en *Opmaakprofielen* zijn ervoor om de gegevens op te maken zoals die in de inhoudsopgave worden opgenomen.

- Het tabblad *Kolommen* gebruik je om aan te geven uit hoeveel kolommen de inhoudsopgave zal bestaan.

- In het tabblad *Achtergrond* kun je een kleur of een afbeelding aan de achtergrond van de inhoudsopgave toevoegen.

In het linkerdeel van het dialoogvenster zie je een voorbeeld van de inhoudsopgave zoals die er uit gaat zien. Wanneer je dat voorbeeldvenster niet ziet kun je dat aanzetten door een vinkje te plaatsen bij **Voorbeeld** helemaal rechtsonder in het dialoogvenster. De afbeelding hierboven laat het dialoogvenster zien met het voorbeeld van de inhoudsopgave.

Na het aanbrengen van alle gewenste wijzigingen klik je op **OK** om de definitie van de inhoudsopgave op te slaan en in je document op de plaats van de cursor op te nemen.

Tabblad Index/inhoudsopgave

Gebruik het tabblad *Index/inhoudsopgave* om de eigenschappen van de inhoudsopgave te wijzigen.

Titel

Om de inhoudsopgave een andere titel te geven wijzig je deze in het veld *Titel*. Om de Titel te verwijderen maak je dit vak leeg.

Type

In computertaal is een inhoudsopgave slechts een van de vele soorten indexen. Zorg er daarom voor dat het juiste type van de index is ingesteld, in ons geval als inhoudsopgave. In het hoofdstuk over indexen gebruiken we hetzelfde venster maar kiezen dan voor 'Trefwoordenregister'. De andere type indexen behandelen we niet in dit boek.

Beveiligd tegen handmatige wijzigingen

Om te voorkomen dat je de inhoud van de inhoudsopgave per ongeluk wijzigt, staat **Beveiligd tegen handmatig wijzigen** standaard aangevinkt. De Inhoudsopgave kan nu alleen bijgewerkt worden door met de rechtermuisknop in de inhoudsopgave te klikken en te kiezen in het menu voor *Index/inhoudsopgave* bijwerken. Als het vakje niet is aangevinkt kan de inhoudsopgave direct in het document gewijzigd worden net zoals elke alle andere tekst. De handmatige wijzigingen gaan echter verloren wanneer je daarna kiest voor *Inhoudsopgave bijwerken*.

Index/inhoudsopgave samenstellen

Kies in het vak *Index/inhoudsopgave samenstellen* in de lijst *voor* **Volledig document**. Je kunt ook een inhoudsopgave voor alleen het huidige hoofdstuk maken (de tweede mogelijkheid in de lijst).

Aantal niveaus

Writer gaat standaard uit van 10 niveaus bij het samenstellen van een inhoudsopgave. Om dat aantal te veranderen stel je bij **Aantal niveaus** de juiste waarde in.

Samenstellen uit – Overzicht

Zet een vinkje voor **Overzicht** om de Inhoudsopgave te genereren uit het overzichtsniveau. Dat wil zeggen dat de alinea's die zijn opgemaakt met een van de vooraf gedefinieerde alineaopmaakprofielen (Kop 1-10) aan de index worden toegevoegd. Deze methode is het meest gebruikt in boeken.

Samenstellen uit – Extra opmaakprofielen

Writer voegt automatisch alle alinea's toe in de inhoudsopgave die zijn opgemaakt met de alineaopmaakprofielen die je selecteert in **Extra**, **Hoofdstuknummering...**.

Je kunt ook koppen die zijn opgemaakt met andere opmaakprofielen opnemen. Bijvoorbeeld wanneer je opmaakprofielen hebt gemaakt voor titels in de bijlage of titels voor een indexpagina en je wilt dat deze titels in de inhoudsopgave verschijnen op hetzelfde niveau als de hoofdstuktitels.

Omdat er slechts één alineaopmaakprofiel kan worden toegewezen aan het overzichtsniveau in **Extra**, **Hoofdstuknummering...** voor opname in de inhoudsopgave kun je dat als volgt oplossen:

1. In het onderdeel *Samenstellen uit* vink je **Extra opmaakprofielen** aan en klik je op de (...) knop rechts. Het venster *Opmaakprofielen toewijzen* opent.

2. In de kolom *Niet toegepast* klik je op het profiel dat je wilt toewijzen aan de inhoudsopgave.

3. Gebruik de knop **>>** aan de onderkant van het venster om het gekozen profiel naar het gewenste niveau te verplaatsen. Om bijvoorbeeld alinea's met het gekozen profiel als hoogste niveau te laten verschijnen in de inhoudsopgave druk je een keer op de *knop >>* om de stijl te verplaatsen naar kolom 1. Om het profiel in de omgekeerde richting te verplaatsen gebruik je *knop B*.

4. Klik op **OK** om de wijzigingen op te slaan en terug te keren naar het tabblad *Index/inhoudsopgave* of klik op **Annuleren** om te

stoppen zonder de wijzigingen op te slaan.

Samenstellen uit – Indexmarkeringen

Wanneer deze optie is ingeschakeld worden de indexitems die je invoegt met **Invoegen, Inhoudsopgave en registers, Items** in de index opgenomen. Normaal gesproken gebruiken we dit niet voor een inhoudsopgave zodat je deze optie kunt uitschakelen. Indexmarkeringen bespreken we in hoofdstuk 10 'Indexen' op pagina 135 uitgebreider.

Tabblad Items

Het tabblad *Items* gebruik je om gegevens te definiëren en op te maken die je in de inhoudsopgave wilt opnemen. Voor elk overzichtsniveau kun je elementen toevoegen en verwijderen zoals bijvoorbeeld hoofdstuknummers. Je kunt ook tekenopmaakprofielen toewijzen aan individuele elementen.

Om te beginnen selecteer je een nummer in de kolom *Niveau* om het overzichtsniveau te selecteren waarvan je de elementen wilt opmaken. Je kunt de wijzigingen voor alle niveaus ook later toewijzen. De regel *Structuur* toont alle onderdelen voor de toegangen op dat niveau. Elke knop naast *Structuur* staat voor een onderdeel.

- De **LS** knop geeft het begin van een hyperlink.

- De **I#** knop voegt het nummer van het hoofdstuk in.

- De **I** knop voegt de tekst van de hoofdstuktitel in.

- De **S** knop voegt een tabstop in.

- De **#** knop voegt het paginanummer van het item in.

- De **LE** geeft het einde van de hyperlink aan.(Pas zichtbaar als de knop LS is gebruikt)

Elk blanco veld naast Structuur staat voor een lege ruimte. Je kunt hier tekst toevoegen toevoegen zoals bijvoorbeeld het woord *Hoofdstuk.*

Items toevoegen

Om een item of element aan de *Structuur* regel toe te voegen:

1. Klik je in het blanco veld waar je het item wilt invoegen.

2. Klik op een van de vijf knoppen onder de *Structuur* regel.
   Om bijvoorbeeld een tabulatorstop toe te voegen klik je op de **Tabstop** knop. Er verschijnt in de *Structuur* regel een nieuwe knop die het nieuwe item voorstelt.

3. Wanneer je een tekst wilt toevoegen type je die in een blanco veld.

Items verwijderen

Om een item te verwijderen uit de *Structuur* regel klik je op de knop die dat element voorstelt en druk je op de *Delete-toets.*

Hyperlink maken van een ingang

Om de *Structuur* regel zodanig aan te passen dat een hoofdstuktitel en de bijbehorende tekst een klikbare hyperlink in een inhoudsopgave wordt ga je als volgt te werk:

1. Op de *Structuur* regel klik je in het witte veld *rechts* van de **LS** knop.

2. Klik op de knop **Hyperlink**. Er verschijnt een **LE**-knop op de *Structuur* regel; dat einde hyperlink betekent.

3. Op de *Structuur* regel klik je vervolgens in het blanco veld *rechts* van de **LE** knop.

4. Klik nogmaals op de knop **Hyperlink** en op **Alle Niveaus**. Die laatste knop zorgt ervoor dat ook de subkoppen een hyperlink worden. In de *Structuur* regel komt er een **LS** knop bij.

De volgende afbeelding laat het resultaat zien van bovenstaande stappen. De tekst en de nummers in de inhoudsopgave zijn nu klikbare hyperlinks.

Dit is een handige functie voor documenten die bestemd zijn om als bijvoorbeeld e-boek te worden verspreid.

Toevoegen Tekenopmaakprofielen

Misschien wil je een item toevoegen dat er een beetje anders uitziet dan de rest in de *Structuur* regel. Je wilt bijvoorbeeld dat het paginanummer vet gedrukt wordt. Om een tekenopmaakprofiel toe te passen op een item ga je als volgt te werk:

1. Zorg er eerst voor dat je een geschikt tekenopmaakprofiel hebt gedefinieerd.

2. Op de *Structuur* regel klik je op de knop die het item vertegenwoordigt dat gewijzigd moet worden.

3. Kies uit de lijst van *Tekenopmaakprofiel* het gewenste profiel.

Om de eigenschappen van een tekenopmaakprofiel te bekijken of te bewerken selecteer je het opmaakprofiel in de lijst, klik er op en klik vervolgens met je muis op de knop **Bewerken**.

TIP
Het standaard tekenopmaakprofiel voor hyperlinks is *Internetkoppeling*. Standaard is dit profiel blauw en onderstreept.

Wanneer je de ingangen van de inhoudsopgave als hyperlinks wilt weergeven maar niet in de standaard blauwe kleur en onderstreept, selecteer dan de **LS** knop in de *Structuur* regel en verander het tekenopmaakprofiel naar *Indexkoppeling*. Klik op de knop **Bewerken** om de instellingen van het profiel *Indexkoppeling* naar eigen wens aan te passen.

Je kunt ook de instellingen voor het tekenopmaakprofiel *Internetkoppeling* aanpassen maar houdt er dan wel rekening mee dat deze aanpassing voor *alle* hyperlinks in je document geldt en niet alleen voor de inhoudsopgave.

Wijzigingen toepassen op alle niveaus

Om de weergegeven en gewijzigde structuur en opmaak op alle niveaus van de inhoudsopgave van toepassing te laten zijn, klik je op de knop **Alle niveaus**.

Opmaak

Wanneer deze optie is geselecteerd (dat is standaard het geval) dan is de inspringing van de onderdelen in de inhoudsopgave op basis van de individuele instellingen. Wanneer een alineaopmaakprofiel aan de linkerkant een inspringing heeft zijn de tabposities relatief ten opzichte van de *inspringing*.

Wanneer deze optie niet is geselecteerd zijn tabposities relatief tot de *linkermarge*.

Tabblad Opmaakprofielen

Gebruik het tabblad *Opmaakprofielen* om wijzigingen aan te brengen in de toewijzing van de alineaopmaakprofielen aan de verschillende niveaus in de inhoudsopgave. In de meeste gevallen is de beste keuze om de toegewezen profielen te houden zoals ze standaard zijn ingesteld. Je kunt de instellingen echter zodanig wijzigen dat de inhoudsopgave en de manier waarop deze wordt getoond er komt uit te zien zoals jij dat wilt.

Ga als volgt te werk wanneer je opmaakprofielen voor de inhoudsopgave naar eigen wens wilt aanpassen:

1. In de lijst onder *Niveaus* selecteer je het Niveau van de Inhoudsopgave.

2. In de lijst *Alinea-opmaakprofielen* klik je op het gewenste opmaakprofiel.

3. Klik op de knop < om het geselecteerde profiel toe te passen op het geselecteerde *Niveau* van de Inhoudsopgave.

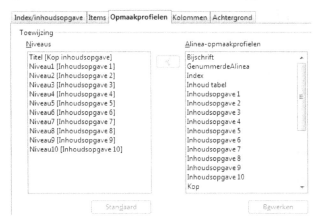

Het opmaakprofiel dat is toegewezen aan elk niveau wordt tussen vierkante haakjes weergegeven in de lijst *Niveaus.*

Om een alineaopmaakprofiel uit een *Niveau* te verwijderen, selecteer je dat Niveau in de *Niveaus* lijst en daarna klik je op de knop **Standaard.**

Wil je de eigenschappen van een alineaopmaakprofiel bekijken of bewerken, klik dan op het opmaakprofiel in de lijst *Alineaopmaakprofielen* en vervolgens op de knop **Bewerken.**

Tabblad Kolommen

Je kunt de inhoudsopgave ook in twee of meer kolommen weergeven. Dat is overigens alleen zinvol bij korte hoofdstuktitels.

Om het aantal kolommen voor de inhoudsopgave aan te passen ga je naar 'Tabblad Kolommen'.

1. Kies het aantal kolommen dat je wenst in het vak **Kolommen** of selecteer het pictogram dat het aantal kolommen aangeeft.

2. Om de kolommen gelijkmatig over de pagina te verdelen vink je het vakje **Automatische breedte** aan (alleen beschikbaar bij 2 of meer kolommen). Wanneer het niet is aangevinkt kun je zowel de breedte van elk van de kolommen als de afstand tussen de kolommen handmatig instellen.

3. Je kunt ervoor kiezen om een *Scheidingslijn* tussen de kolommen op te nemen:

- *Stijl*: geen lijn, een doorgetrokken lijn of onderbroken lijn.

- *Breedte*: geef hier aan wat de dikte van de lijn moet zijn

- *Hoogte*: de hoogte van de lijn.

- *Positie*: positie van de lijn ten opzichte van de kolommen (*Boven*, *Gecentreerd* of *Onder*) als de hoogte minder is dan 100%.

- *Kleur*. Hier bepaal je de kleur van de lijn. Alleen zinvol wanneer je boek in kleur gedrukt wordt of bij e-boeken.

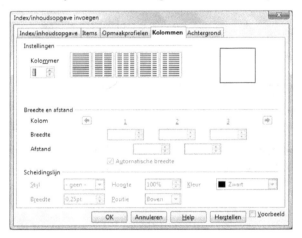

Tabblad Achtergrond

Gebruik het tabblad *Achtergrond* om een kleur of een afbeelding aan de achtergrond van de inhoudsopgave toe te voegen. In boeken die in zwart-wit worden gedrukt doe je dit niet.

Inhoudsopgave onderhouden

Wil je een bestaande inhoudsopgave bewerken klik dan met de rechtermuisknop ergens in de inhoudsopgave en kies voor **Index/inhoudsopgave bewerken**. Het dialoogvenster *Index/inhoudsopgave invoegen* opent waarna je de inhoudsopgave kunt bewerken en daarna weer opslaan. Dit is uitvoerig in de vorige paragraaf besproken.

Writer werkt inhoudsopgaven niet automatisch bij dus na elke wijziging in koppen en hoofdstukken moet je de inhoudsopgave handmatig bijwerken.

Wen er aan om dit bijwerken altijd te doen voordat je een afdruk of een pdf-bestand maakt. Daarmee voorkom je dat je er (meestal te laat) achterkomt dat de inhoudsopgave niet correct is.

Om een inhoudsopgave bij te werken wanneer er wijzigingen zijn aangebracht in het document klik je met de rechtermuisknop ergens in de inhoudsopgave en kiest voor **Index/inhoudsopgave bijwerken**.

Een inhoudsopgave uit een document verwijderen is simpel. Klik met de rechtermuisknop ergens in de inhoudsopgave en kies voor **Index/inhoudsopgave verwijderen**. Writer vraagt niet om een bevestiging maar de inhoudsopgave wordt direct verwijderd.

TIP
Wanneer je niet met de rechtermuisknop in een inhoudsopgave kunt klikken ga dan naar **Extra**, **Opties**, **LibreOffice Writer**, **Opmaakhulp** en vink onder de sectie *Cursor in beveiligde gebieden* **Inschakelen** aan.

Samenvatting

Je hebt in dit hoofdstuk geleerd hoe je een inhoudsopgave aan je document toevoegt, bijhoudt en bewerkt. Uitgebreide bewerkingen zijn hierbij mogelijk.

Ook heb je geleerd hoe je de ingangen van je inhoudsopgave als hyperlink klikbaar kunt maken. Dat is vooral handig voor e-boeken.

In het volgende hoofdstuk gaan we het hebben over indexen.

9 Indexen

*H*eeft jouw boek een index zoals een trefwoordenregister nodig? Romans en verzamelingen van korte verhalen of gedichten hebben over het algemeen niet zo'n index maar non-fictie boeken hebben juist vaak wel een of meerdere registers.

Writer onderscheidt de volgende soorten indexen:

- Inhoudsopgave

- Trefwoordenregister. Afbeeldingenregister

- Tabellenregister

- Gebruikers gedefinieerde registers

- Objectregisters

- Literatuurlijsten

In dit boek behandelen we alleen de inhoudsopgave (zie pagina 121 en verder) en het trefwoordenregister.

Een trefwoordenregister vinden we meestal achter in een boek. Het is niets anders dan een lijst met woorden of woordgroepen die verwijzen naar pagina's in het document waar het woord of woordgroep voorkomt.

Writer heeft een handige methode om een geautomatiseerd register te maken. Dit register is gebaseerd op woorden of woordgroepen die je voor je boek hebt gedefinieerd.

In dit hoofdstuk leggen we uit hoe je:

- indexitems voor je boek toevoegt

- snel een trefwoordenregister opbouwt

- de weergave van de indexitems aanpast

- bestaande indexitems bekijkt en bewerkt

OPMERKING
Voor een e-boek is het over het algemeen niet nodig om een

trefwoordenregister toe te voegen. De lezer kan namelijk met de zoekfunctie (Ctrl+F) op elk gewenst woord of combinatie van woorden zoeken.

Invoegen van indexitems

Voordat je een register kunt genereren moet je eerst een aantal *Indexitems* invoegen in je boek. Dat doe je als volgt:

1. Selecteer het woord of de zin die je aan het register wilt toevoegen of klik op het begin van het woord of zinsdeel. Om meerdere woorden als een item toe te voegen markeer je deze woorden.

2. Klik op **Invoegen**, **Inhoudsopgave en registers**, **Item** om een venster te laten verschijnen zoals hieronder. Je kunt het woord of zinsdeel accepteren in het venster *Indexitem invoegen* of wijzigen.
   Zie 'Wijzigen van indexitems' op pagina 138 voor een uitleg van de velden in dit dialoogvenster.

3. Klik op **Invoegen** om het item toe te voegen.

Je kunt meerdere items toevoegen zonder telkens het dialoogvenster te sluiten:

1. Klik cp het woord dat je in het register wilt opnemen

2. Klik op **Invoegen** in het dialoogvenster en laat het venster openstaan.

3. Ga naar een volgend woord dat je wilt toevoegen, selecteer dat woord en klik weer op **Invoegen.**

4. Herhaal de stappen 1 tot 3 totdat je klaar bent met het invoeren

Indexitems. Klik tot slot op **Sluiten.**

TIP
Je kunt het dialoogvenster *Indexitem invoegen* ook openen door te klikken op het pictogram *Item* (uiterst rechts) in de werkbalk *Invoegen* (**Beeld, Werkbalken, Invoegen**).

OPMERKING
Wanneer *Veldarceringen* actief is (**Beeld**, **Veldarceringen** of **Ctrl+F8**) dan worden de woorden of woordgroepen die je als *Indexitem* invoegt weergegeven met een grijze achtergrond. Indexitems die tekst bevatten die afwijkt van de tekst in het document worden voorzien van een klein grijs blokje voor het woord.

Snel een Trefwoordenregister maken

Wanneer je Indexitems hebt toegevoegd kun je het register gaan maken.

Hoewel registers uitgebreid in Writer kunnen worden aangepast hoef je meestal maar een paar keuzes te maken. Om snel een register te maken:

1. Klik je in het document waar je het register wilt laten verschijnen.

2. Selecteer **Invoegen**, **Inhoudsopgave en registers**, **Inhoudsopgave en registers...**.

3. In het vak *Type* in het dialoogvenster *Index/inhoudsopgave invoegen* selecteer je **Trefwoordenregister.**

4. In het gedeelte '*Opties*' zet je het vinkje bij **Hoofdletters/kleine letters** uit. Woorden met hoofd- en kleine letters worden nu hetzelfde behandeld. Verwijder het vinkje bij **Combineren van identieke items**.

5. Klik op **OK.** Het resultaat is een trefwoordenregister op de plaats van de cursor.

Opties
- ☑ Combineren van identieke items
- ☐ Combineren met e.v.
- ☐ Combineren met -
- ☐ Hoofdletters/kleine letters

Indexitems wijzigen

Hieronder bespreken we alle velden die in het dialoogvenster *Indexitem toevoegen* voorkomen.

Index

Hier staat het type register vermeld waarvoor dit item bedoeld is. Standaard is dat *Trefwoordenregister* maar je kunt dit veld ook gebruiken om een extra ingang te maken voor een inhoudsopgave of een zelf gedefinieerd register. Hierbij kun je denken aan bijvoorbeeld een register dat je uitsluitend voor wetenschappelijke woorden gebruikt.

Item

Het woord of de woordgroep die worden toegevoegd aan het register. Een woord of woordgroep hoeft niet perse in het document aanwezig te zijn. Je kunt synoniemen en andere woorden die je in het register wilt opnemen hier toevoegen.

1e sleutel

De *1e sleutel* is een vermelding in het register die geen bijbehorend paginanummer heeft. Deze heeft alleen een aantal sub items die wel verwijzen naar paginanummers. Het toepassen van sleutels is een handige manier om woorden die een relatie met elkaar hebben te groeperen. Zie ook de toelichting in de paragraaf 'Voorbeeld van een sleutel' op pagina 139.

2e sleutel

Je kunt drie niveaus in een register aanbrengen waarbij sommige 1e sleutels de ingangen van 2e sleutel items hebben die ook weer sleutels zijn (zonder paginanummers). Dit soort complexe registers komen niet zo vaak voor.

Hoofditem

Wanneer hetzelfde woord op verschillende pagina's wordt geïndexeerd heeft vaak slechts een van die pagina's de meest belangrijke of meest gedetailleerde informatie over dat onderwerp. Om het paginanummer met de belangrijkste (hoofd) ingang op te laten vallen, kies je deze optie en bepaal je via het tekenopmaakprofiel dat het paginanummer van de belangrijkste indexingang bijvoorbeeld vet wordt weergegeven.

Op alle overeenkomende teksten toepassen

Kies deze optie om Writer automatisch elk woord of elke woordgroep te laten identificeren en te markeren als een indexingang die overeenkomt met de huidige selectie. De optie *Identieke hoofdletters/kleine letters* is alleen beschikbaar als deze optie is geselecteerd. Gebruik deze keuze met mate omdat het resultaat veel opgenomen pagina's in het register kan zijn.

OPMERKING
Wanneer ondersteuning voor Aziatische talen is ingeschakeld (**Extra**, **Opties**, **Talen Instellingen**, **Talen**) dan wordt een aantal extra velden toegevoegd in het venster *Indexitem invoegen.*

Voorbeeld van een sleutel

De 1e sleutel is de eerste ingang die subitems heeft. Zo kun je bijvoorbeeld een groepering maken zoals hieronder:

> LibreOffice
>
> > Rekenblad 10, 25
> >
> > Presentatie 15
> >
> > Writer 5, 11

In bovenstaand voorbeeld is LibreOffice de 1e sleutel. De subitems die een paginanummer hebben zijn de indexitems die zijn opgenomen in het register. Om een indexitem voor het onderwerp *Writer* in te voegen type je in het dialoogvenster *Indexitem invoegen* in het veld *Item* het woord **Writer** en in het veld *1e sleutel* het woord **LibreOffice.**

Een register wijzigen

Je kunt een register op verschillende manieren naar eigen wens aanpassen.

Om een bestaand register te wijzigen klik je met de rechtermuisknop ergens in het register en kies je voor **Index/inhoudsopgave bewerken**. Het dialoogvenster *Indexinhoudsopgave invoegen* heeft vijf tabbladen. Deze tabbladen kunnen worden gebruikt om het register aan te passen.

- Gebruik het tabblad *Index/inhoudsopgave om* de eigenschappen van het gewenste register in te stellen.

- De tabbladen *Items* en *Opmaakprofielen* zijn ervoor om de gegevens op te maken.

- In het tabblad *Kolommen* geef je aan hoeveel kolommen je voor het register wilt gebruiken.

- In het tabblad *Achtergrond* kun je een kleur of een afbeelding aan de achtergrond toevoegen.

  Je ziet aan de linkerkant van het dialoogvenster een voorbeeld van hoe het register er uit gaat zien. De optie **Voorbeeld** in de rechter benedenhoek van het dialoogvenster moet dan wel aangevinkt zijn. De afbeeldingen in dit hoofdstuk laten het dialoogvenster zien met het voorbeeld verborgen.

Na het maken van alle wijzigingen klik je op **OK** om het register op te slaan.

Tabblad Index/inhoudsopgave

Gebruik het tabblad *Index/Inhoudsopgave* om de kenmerken van het register in te stellen.

1. Wil je het register een andere titel geven vul deze dan in het veld *Titel* in. Een bestaande titel kun je overschrijven door de nieuwe naam er overheen te typen.
   Om de titel te verwijderen maak je het veld *Titel* leeg.

2. Let er op dat het *Type* van het register *Trefwoordenregister* is.

3. Om te voorkomen dat het register per ongeluk wordt gewijzigd zet je het vinkje aan bij **Beveiligd tegen handmatig wijzigen**. Het register kan dan alleen worden bijgewerkt door met de rechtermuisknop in het Trefwoordenregister te klikken of in het dialoogvenster *Index/inhoudsopgave* invoegen. Als dit veld niet is aangevinkt kan het register in het document zelf worden gewijzigd net zoals elke andere tekst. De handmatige wijzigingen gaan echter verloren wanneer je het register bijwerkt.

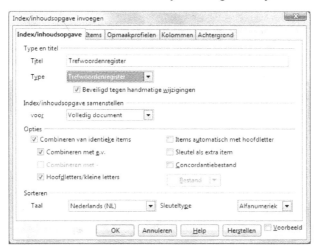

4. In de sectie *Index/inhoudsopgave samenstellen* kies je voor **Volledig document**. Je kunt er ook voor kiezen een register te maken voor alleen het huidige hoofdstuk.

5. Verschillende andere opties bepalen hoe het register de verschillende Items verwerkt:

    ○ **Combineren van identieke items** bepaalt hoe gelijke items worden behandeld. Gewoonlijk wordt elk paginanummer van een woord of woordgroep dat is opgenomen in het register in het register getoond. Met deze optie kunnen paginanummers worden gecombineerd. Wanneer je wilt dat een paginabereik wordt weergegeven kies je voor *Combineren met e.v.* (dat wordt dan in het register weergegeven als bijvoorbeeld 23 - 31). Wanneer de Indexitems hoofdlettergevoelig moeten zijn vink je het vakje aan bij **Hoofdletters/kleine letters**.

    ○ **Items automatisch met hoofdletter** zorgt ervoor dat de eerste letter van elk Indexitem in hoofdletters wordt weergegeven ongeacht hoe het hoofdlettergebruik in het document is.

○ **Sleutel als extra item** regelt dat sleutels in het register een eigen paginanummer krijgen.

○ **Concordantiebestand**. Wanneer je dit aanvinkt kun je een extern bestand toevoegen waarin woorden en woordgroepen zijn opgenomen. Het register wordt dan samengesteld op basis van die woordenlijst.
Kijk voor meer informatie in de Helpfunctie bij *concordantiebestand.*
Het werken met een concordantiebestand versnelt het maken van een register aanzienlijk. Een nadeel is dat het register vol komt te staan met verwijzingen naar pagina's met slechts een geringe betekenis van de opgenomen woorden.

○ **Sorteren** bepaalt voor welke taal de gegevens in het register worden gesorteerd. De enige optie bij *Sleuteltype* is *Alfanumeriek. De Taal* kun je wel wijzigen.

Tabblad Items

Gebruik het tabblad *Items* om de items in het register te definiëren en op te maken.

Om te beginnen klik je op een cijfer in de kolom *Niveau* om het indexniveau te selecteren van de Indexitems die je wilt opmaken. Je kunt wijzigingen voor *Alle niveaus* later toewijzen. De *Structuur* regel laat de elementen van het geselecteerde niveau zien. Deze *Structuur* regel werkt op dezelfde manier zoals in Hoofdstuk 9 'Inhoudsopgave' op pagina 127 en verder uitvoerig is besproken.

Elk item dat wordt toegevoegd aan de *Structuur* regel kan extra bewerkt worden. Wanneer je bijvoorbeeld wilt dat de paginanummers een andere opmaak hebben dan de rest van de tekst in het register voeg je een tekenopmaakprofiel toe aan een van de elementen in de *Structuur* regel. De werking is verder hetzelfde zoals beschreven bij de Inhoudsopgave (pagina 127 en verder).

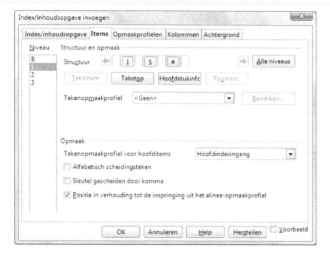

- *Opmaak.* Je kunt extra opmaak aan de items toevoegen met de opties die in de sectie Opmaak worden genoemd.

- *Alfabetisch scheidingsteken.* Dit toont eerst de letter van het alfabet waarmee de woorden in het register beginnen:

  A

  appel, 4

  auteur, 10

  B

  boek, 2

  brief 4

- *Sleutel gescheiden door komma* rangschikt de vermeldingen in het register op dezelfde regel maar scheidt de woorden met komma's.

- *Positie in verhouding tot de inspringing uit het alinea-opmaakprofiel.* Inspringingen zijn afhankelijk van de instellingen van hun eigen opmaak. Wanneer een alineaopmaakprofiel met een inspringing aan de linkerkant is gebruikt, zijn tabstops ten opzichte van deze inspringing relatief. Is deze optie niet geselecteerd dan zijn de tabstops relatief ten opzichte van de linkermarge.

Tabblad Opmaakprofielen

Zie hiervoor de uitgebreide beschrijving in de paragraaf 'Tabblad Opmaakprofielen' voor inhoudsopgaven op pagina 130.

Tabblad Kolommen

Het tabblad *Kolommen* gebruik je om het aantal kolommen voor het register te wijzigen. Voor een trefwoordenregister gebruik je meestal een tweekoloms-, soms een driekolomsopmaak.

1. Kies het aantal kolommen dat je wilt hebben in het vak **Kolommen** of selecteer het pictogram dat dit aantal kolommen aangeeft.

2. Om de kolommen gelijkmatig over de pagina te verdelen vink je het vakje **Automatische breedte** aan (alleen beschikbaar bij 2 of meer kolommen). Wanneer het niet is aangevinkt kun je zowel de breedte van elk van de kolommen als de afstand tussen de kolommen handmatig instellen.

3. Je kunt er voor kiezen om een Scheidingslijn tussen de kolommen op te nemen:

   - *Stijl*: Geen lijn, een doorgetrokken lijn of onderbroken lijn.

   - *Breedte*: hier geef je aan wat de dikte van de lijn moet zijn

   - *Hoogte*: De hoogte van de lijn.

   - *Positie*: Positie van de lijn ten opzichte van de kolommen (Boven, Gecentreerd of Onder) als de hoogte minder is dan 100%.

   - *Kleur*: Hier bepaal je de kleur van de lijn. Alleen zinvol wanneer je boek in kleur gedrukt wordt of bij e-boeken.

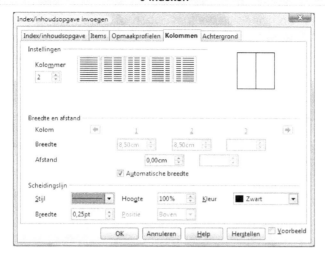

Tabblad Achtergrond

Dit tabblad komt overeen met het tabblad *Achtergrond* dat we eerder bespraken bij het aanpassen van de vormgeving van inhoudsopgaven. Ook hier geldt weer dat we voor boeken die in zwart-wit worden gedrukt geen gekleurde achtergronden gebruiken.

Het register onderhouden

Om een bestaand register te bewerken klik je met de rechtermuisknop ergens in het register en kies je voor **Index/inhoudsopgave bewerken**. Het dialoogvenster *Index/inhoudsopgave invoegen* verschijnt. Bewerken en opslaan van het register gaat net zoals is beschreven in het hoofdstuk over het maken van een inhoudsopgave.

Writer werkt de registers niet automatisch bij. Na het aanbrengen van wijzigingen in het register moet je dat dus handmatig doen. Om een register bij te werken klik je met de rechtermuisknop ergens in het register en kies je voor **Index/inhoudsopgave bijwerken**.

Wil je een register verwijderen klik dan met de rechtermuisknop ergens in het register en kies voor **Index/inhoudsopgave verwijderen**.

Indexitems bekijken en bewerken

Nadat je de belangrijkste Indexitems in het document hebt

aangebracht kun je indexitems toevoegen of bewerken. Om dat te doen ga je als volgt te werk:

1. Zorg dat *veldarceringen* actief is (**Beeld**, **Veldarceringen** of **Ctrl+F8**) zodat je de Indexitems gemakkelijk kunt vinden.

2. Klik met de rechtermuisknop op een bestaand Indexitem in je document en kies voor *Indexitem* in het pop-up menu.

3. Er verschijnt een dialoogvenster zoals dat hieronder wordt weergegeven. Gebruik de pijltoetsen links en rechts (onder in het venster) om door de indexitems te manoeuvreren.

4. Breng de nodige wijzigingen aan in de indexitems en als je daarmee klaar bent klik je op **OK** en vervolgens op **Sluiten**.

Indexitems bewerken of verwijderen

Indexitems worden als velden in uw document ingevoegd. Om ze te verwijderen ga je als volgt te werk:

1. Kies **Beeld** en controleer of **Veldarceringen** is geselecteerd om velden in het document te kunnen bekijken.

2. Zet de cursor vlak voor het indexitem in het document.

3. Kies **Bewerken, Indexitem** en

   • vul in het tekstvak **Item** de tekst in waardoor het item moet worden vervangen, of

   • klik op **Verwijderen** om het item te verwijderen.

Met de pijlen links en rechts (rechtsonder) kun je door alle indexitems navigeren en bovengenoemde handelingen herhalen.

Samenvatting

In dit hoofdstuk heb je gezien hoe je de verschillende soorten indexen aan je document kunt toevoegen. We hebben ons vooral bezig gehouden met het trefwoordenregister.

Je hebt geleerd hoe je index items invoegt en wijzigt. Ook heb je gezien hoe je een index bewerkt of verwijdert.

In het volgende hoofdstuk gaan we foto's, afbeeldingen en grafieken in het boek opnemen.

10 Foto's, afbeeldingen en grafieken

Vooral in non-fictieboeken komen vaak foto's en andere afbeeldingen voor ter ondersteuning van de tekst. Hoe je daar mee omgaat en waar je rekening mee moet houden, ontdek je in dit hoofdstuk.

Afbeeldingen zijn in Writer in drie soorten te onderscheiden :

- Afbeeldingen, zoals foto's, tekeningen en gescande afbeeldingen

- Schema's gemaakt met Writer's tekengereedschappen

- Grafieken gemaakt met de Diagram Assistent van LibreOffice (in Calc)

Meer gedetailleerde beschrijvingen over het werken met tekengereedschappen kun je vinden in de *LibreOffice 3 Draw Guide* en de *LibreOffice 3 Impress Guide*. Hoe je grafieken maakt wordt beschreven in de *LibreOffice 3 Calc Guide*.

Afbeeldingen maken en bewerken

Afbeeldingen kunnen gemaakt zijn met een grafisch programma, gescand van een origineel of gedownload van het internet (gratis of gekocht) maar het kunnen ook foto's zijn die gemaakt zijn met een digitale camera.

Writer kan verschillende vector (lijn tekening) en raster (bitmap) bestandsformaten importeren. De meest voorkomende bestandsformaten zijn GIF, JPG, PNG, en BMP.

Bij het kiezen of maken van foto's moet je rekening houden met de beeldkwaliteit en of de foto wordt afgedrukt in kleur of grijstinten ('zwart-wit').

Gebruik een resolutie van 300 dpi (dots per inch) voor foto's en 600 dpi voor lijntekeningen. Hogere resoluties hebben geen invloed op een betere beeldkwaliteit bij het drukken via POD uitgevers.

Wees voorzichtig met afbeeldingen die je van internet downloadt. Die zijn vaak slechts 72 dpi en daardoor alleen maar geschikt voor weergave op je beeldscherm of op je website maar absoluut ongeschikt voor drukwerk. En dan hebben we het nog niet eens over de auteursrechten van dergelijke plaatjes.

Om foto's en andere bitmap afbeeldingen te bewerken gebruik je een bitmap-editor. Om lijntekeningen te bewerken gebruik je een vector-tekenprogramma.

Je hoeft absoluut geen dure programma's aan te schaffen. Er zijn voldoende gratis open source programma's via internet te verkrijgen zoals Gimp (bitmap-editor) of Inkscape (vector tekenprogramma). Deze en vele andere programma's zijn van uitstekende kwaliteit en werken zowel onder Windows, Macintosh OS X als Linux.

Om het beste resultaat te krijgen:

- Maak je afbeeldingen zodanig dat ze overeenkomen met de afmetingen die je in je document nodig hebt of gebruik het juiste grafische pakket om foto's en grote tekeningen te vergroten of te verkleinen (verschalen) naar de juiste afmetingen.

- Beeldbewerkingen zoals het aanpassen van helderheid, contrast, kleurbalans, bijsnijden, enzovoort doe je bij voorkeur in een grafisch pakket en niet met Writer.

- Wanneer het boek in zwart-wit wordt afgedrukt converteer dan alle afbeeldingen die in kleur zijn naar grijstinten voordat je een pdf-bestand van het boek maakt. Controleer de eisen die de POD service stelt. Soms drukken zij in zwart-wit vanaf PDF in kleur, soms willen ze dat afbeeldingen geconverteerd zijn naar grijstinten. Om afbeeldingen in Writer te converteren gebruik je de keuzelijst in de werkbalk *Afbeelding* zoals beschreven op pagina 155.

Afbeeldingen voorbereiden voor zwart-wit drukwerk

Bij het gebruik van kleurenafbeeldingen die in grijstinten worden gedrukt controleer je altijd eerst of alle aangrenzende kleuren een goed contrast hebben en donker genoeg worden afgedrukt. Test dit door de afbeelding op een zwart-wit printer in grijstinten af te drukken. Nog beter is het om de weergave van de afbeelding te veranderen in grijstinten ofwel in een foto-bewerkingsprogramma of in Writer zelf (zie 'Afbeelding wijzigen' op pagina 154).

Afbeelding Invoegen

Wanneer de afbeelding als een bestand op je computer is opgeslagen kun je hem direct invoegen in je Writer-document.

Om een afbeelding in te voegen vanuit een bestand gebruik je een van de volgende methoden.

Slepen en plakken

1. Open de verkenner en zoek de afbeelding die je wilt invoegen.

2. Klik op het bestand met de linker muisknop en sleep de afbeelding in het Writer-document en laat de muisknop los op de plaats waar je de afbeelding wilt hebben. Een muispijl met vierkant eronder laat zien waar de afbeelding terecht zal komen.

Dialoogvenster Afbeelding invoegen

1. Klik op de locatie in het Writer-document waar de afbeelding moet komen.

2. Klik in de menubalk op **Invoegen**, **Afbeelding**, **Uit bestand...** .

3. In het dialoogvenster *Afbeelding invoegen* zoek je het bestand op, selecteer het en klik op **Openen**.

Aan de onderkant van het dialoogvenster *Afbeelding invoegen* zie je twee opties **Koppelen** en **Voorbeeld.**

Selecteer **Koppelen** om een koppeling te maken met het afbeeldingsbestand in plaats van het opnemen van een kopie van de afbeelding in je document.

Kies **Voorbeeld** om een kleine afbeelding van de geselecteerde afbeelding te bekijken in het venster aan de rechterkant. Zo kun je controleren of je de juiste afbeelding te pakken hebt.

Wanneer je koppelt naar een afbeelding wordt deze afbeelding wel in het document getoond maar niet samen met het document opgeslagen. Het document bevat in dit geval alleen maar een verwijzing naar het afbeeldingsbestand maar niet het bestand zelf. Het document en de afbeelding blijven als twee aparte bestanden bestaan die alleen tijdelijk worden samengevoegd wanneer je het document opnieuw opent.

Het grootste voordeel van het koppelen van afbeeldingen heb je tijdens de eerste ontwerpfase van het schrijven en illustreren van je boek. Wanneer je een afbeelding verandert maar de bestandsnaam en de locatie op je computer blijven gelijk dan wordt de eerstvolgende keer dat je het boek-bestand opent de gewijzigde afbeelding geopend. Je hoeft er zelf dus niet aan te denken dat je de eerdere versie van de afbeelding moet vervangen door de gewijzigde afbeelding. Dat moet je wel wanneer je de afbeelding direct in het document opneemt.

Een ander voordeel van het koppelen van afbeeldingen is de kleinere bestandsgrootte van het document. Voor de meeste mensen is tegenwoordig de bestandsgrootte geen probleem meer zoals dat enkele jaren geleden nog wel was. Tegenwoordig hebben we de beschikking over veel grotere harde schijven in onze pc of laptop.

Een groot nadeel dat kleeft aan het koppelen van afbeeldingen blijkt wanneer je het bestand naar iemand anders moet sturen, bijvoorbeeld ter controle of correctie.

Ook wanneer je het afbeeldingsbestand op je computer verplaatst, werkt de koppeling niet meer en wordt de afbeelding niet meer in het document weergegeven. In al deze gevallen is het handig dat je ervoor zorgt dat de afbeeldingsbestanden in dezelfde map staan als het document zelf.

Je kunt op ieder gewenst moment besluiten om de gekoppelde afbeeldingen alsnog in het document in te sluiten.

1. Open het document in Writer en kies **Bewerken, Koppelingen...** in de menubalk.

2. Het dialoogvenster *Koppelingen bewerken* laat alle gekoppelde bestanden in de lijst zien met *Bronbestanden*. Hier selecteer je de bestanden die je wilt ontkoppelen en invoegen in het document.

3. Klik op de knop **Koppeling verbreken**.

4. Klik op **Ja** om te bevestigen

5. Sla het Writer document op.

Afbeeldingen invoegen uit andere bronnen

Je kunt afbeeldingen ook invoegen vanuit een grafisch programma, een scanner of de LibreOffice Galerij.

Grafisch programma

Er zijn verschillende grafische programma's beschikbaar die je kunt gebruiken om een afbeelding te bewerken. Bewaar de bewerkte afbeelding eerst als een bestand op je computer en voeg het later in je document toe. Je de afbeelding ook direct in je Writer-document invoegen vanuit het grafische programma.

Ga daarvoor als volgt te werk:

1. Selecteer in het grafische programma het deel van de afbeelding dat je wilt kopiëren (of selecteer de hele afbeelding).

2. Zet de cursor op het geselecteerde gebied en druk op **Control + C** om te kopiëren.

3. Ga naar Writer.

4. Klik in het document op de plaats waar je de afbeelding wilt hebben. Druk dan op **Control + V** om de afbeelding te plakken.

Scanner

Wanneer je een scanner op je computer hebt aangesloten kun je

Writer verbinden met de scanner en de gescande afbeelding in een keer in je document invoegen. Klik in het document waar je de afbeelding wilt plaatsen en kies vervolgens **Invoegen**, **Afbeelding**, **Scannen**. Kies **Bron selecteren...**.

Deze procedure geeft niet altijd het gewenste resultaat Je kunt beter het materiaal scannen met een grafisch programma, het daarin bewerken en dan pas invoegen in Writer.

LibreOffice Galerij

De LibreOffice Galerij bevat afbeeldingen die je in je documenten kunt gebruiken. Writer heeft standaard niet zo veel afbeeldingen maar je kunt je eigen foto's toevoegen of extensies zoeken die meer afbeeldingen bevatten. Voor meer informatie over de Galerij kun je het document '*Aan de slag met LibreOffice 3*' raadplegen.

Met de volgende handelingen voeg je een afbeelding uit de Galerij in je document in:

1. Klik op **Extra**, **Galerij** in de menubalk of op het icoon 🖻 in de standaard werkbalk)

2. Selecteer het thema met de afbeelding die je wilt invoegen.

3. Klik op de afbeelding en sleep het in je document. Je kunt ook met de rechtermuisknop op de afbeelding klikken en dan kiezen voor **Invoegen**, **Kopie**.

Hieronder zie je een voorbeeld van de (standaard geïnstalleerde) Galerij.

Afbeelding wijzigen

Wanneer je een nieuwe afbeelding wilt invoegen kan het nodig zijn om eerst aanpassingen of correcties aan te brengen zodat de afbeelding beter geschikt is voor het document.

Hoewel Writer veel functies heeft voor het bewerken van afbeeldingen is het voor betere resultaten toch aan te raden om een afbeelding te bewerken in programma's zoals *Gimp* of *Photoshop*.

Je kunt bij bewerken denken aan bijsnijden, vergroten of verkleinen van de afbeelding, roteren of het veranderen van kleurwaarden. Daarna kun je het resultaat vervolgens invoegen in Writer.

De werkbalk afbeeldingen gebruiken

Wanneer je een afbeelding selecteert die aanwezig is in het document verschijnt de werkbalk *Afbeelding*. Deze werkbalk kan zwevend zijn of je kunt hem vastzetten.

Twee andere werkbalken kunnen vanuit deze ene werkbalk worden geopend: de werkbalk *Filteren* die kan worden losgekoppeld en de werkbalk *Kleur* die als een aparte zwevende werkbalk opent.

Met deze drie werkbalken kun je afbeeldingen corrigeren of speciale effecten toepassen. Zie de *Writer Guide* voor een compleet overzicht van deze tools. Hier bespreken we drie van de mogelijkheden.

Grafische modus

Sommige POD diensten willen dat je alle afbeeldingen in grijswaarden aanbiedt wanneer het boek in zwart-wit wordt gedrukt. Wanneer je niet de mogelijkheid hebt om afbeeldingen in een apart programma om te zetten in grijswaarden, kun je dat hier doen. Selecteer de afbeelding en kies dan voor **Grijswaarden** in de lijst van *Afbeeldingenmodus*.

Transparantie

Gebruik voor printing on demand boeken geen transparantie omdat de POD service de PDF met die transparantie afbeeldingen mogelijk niet goed kan verwerken en daarom niet zal accepteren.

Horizontaal of verticaal spiegelen

Om een afbeelding verticaal of horizontaal te spiegelen selecteer je de afbeelding en klik je op het desbetreffende icoon.

Object werkbalk en rechtermuisknop menu

Wanneer je een afbeelding invoegt of je selecteert een afbeelding die al in het document is ingevoegd, verschijnt de werkbalk *Afbeelding.* Deze werkbalk zit meestal gekoppeld aan de statusbalk of is zwevend.

Wanneer je in de werkbalk *Afbeelding* klikt op het eerste icoon (*Uit bestand*) verschijnt het dialoogvenster *Afbeelding* met veel instelmogelijkheden. Klik je met de rechtermuisknop op een afbeelding dan verschijnt een menu met functies die vergelijkbaar zijn met het dialoogvenster *Afbeelding.*

Het dialoogvenster Afbeelding gebruiken

Je kunt het dialoogvenster *Afbeelding* gebruiken om meer controle over de afbeeldingen krijgen. Bijsnijden, randen, uitlijnen en andere functies zijn toegankelijk via dit dialoogvenster.

Een afbeelding bijsnijden

Soms wil je een afbeelding bijsnijden om hem beter passend tussen de tekst te krijgen. Zoals eerder gezegd kun je dit beter in een grafisch programma doen maar Writer biedt ook die mogelijkheid. Klik met de rechtermuisknop op de afbeelding en kies **Afbeelding** in het pop-up menu. Ga naar het tabblad *Bijsnijden* in het dialoogvenster *Afbeelding.*

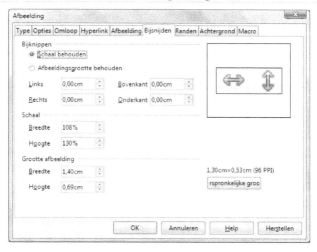

Schaal behouden

Wanneer **Schaal behouden** is geselecteerd wordt tijdens het bijsnijden van de afbeelding de verhouding van de afbeelding niet gewijzigd.

Afbeeldingsgrootte behouden

Wanneer **Afbeeldingsgrootte behouden** is geselecteerd vergroot of verkleint bijsnijden de afbeelding maar de beeldgrootte blijft gelijk.

Links, Rechts, Boven- en Onderkant

De afbeelding wordt bijgesneden volgens de afmetingen die in de vakken worden ingevuld. Bijvoorbeeld een waarde van 3 cm in het vak Links snijdt 3 cm vanaf de linkerzijde van het beeld.

- Wanneer **Schaal behouden** is geselecteerd verandert de grootte van de afbeelding.

- Wanneer **Afbeeldingsgrootte behouden** is geselecteerd wordt het overblijvende deel (na het bijsnijden) van de afbeelding zodanig vergroot of verkleind dat de totale breedte en hoogte van het beeld gelijk blijven en dus niet wijzigen.

Schaal en Grootte afbeelding

De waarden in de velden **Breedte** en **Hoogte** onder *Schaal* en *Grootte afbeelding* wijzigen wanneer je waarden invult bij *Links*, *Rechts Bovenkant* en *Onderkant*. Kijk goed naar de verkleinde afbeelding ernaast om te controleren of de gekozen instellingen juist zijn.

Een afbeelding draaien

Writer heeft geen mogelijkheid om een afbeelding te roteren. Je moet daarvoor gebruik maken van een grafisch programma. We laten hier zien hoe je dat kunt doen met *LibreOffice Draw*.

1. Open een nieuw *Tekening* document (**Bestand**, **Nieuw**, **Tekening**).

2. Voeg de afbeelding in die je wilt roteren.

3. Selecteer de afbeelding en vervolgens in de werkbalk *Tekenen* (standaard bovenin het venster), selecteer je het icoon *Effecten*.

4. Open de lijst (klik op het pijltje) en draai het beeld naar wens. Gebruik de rode knoppen in de hoeken van de afbeelding en beweeg de muis in de richting waarin je de afbeelding wenst te draaien. Standaard draait de afbeelding rond het middelpunt (aangegeven met een zwart draadkruis) maar je kunt het draaipunt veranderen door het zwarte draadkruis te verplaatsen naar een nieuw draaipunt.

5. Selecteer de geroteerde afbeelding door op *Ctrl + A* (alles selecteren) te drukken en kopieer de afbeelding naar het klembord met *Ctrl + C*.

6. Ga naar de plaats in je Writer-document waar je de geroteerde afbeelding wilt invoegen. Plak de afbeelding met *Ctrl + V*.

TIP
Om de draaihoek te beperken tot veelvouden van 15 graden houd je de Shift-toets ingedrukt terwijl je de afbeelding draait zoals beschreven in stap 4.

Afbeeldingen in de tekst plaatsen

Wanneer je een afbeelding wilt toevoegen aan een tekstdocument moet je eerst bepalen hoe je de afbeelding wilt positioneren. Writer is geen volwaardig desktoppublishing-programma dus heeft het een aantal beperkingen voor het positioneren van afbeeldingen.

Positionering wordt geregeld door vier instellingen (klik met de rechtermuisknop op een afbeelding):

- **Schikken** bepaalt de positie van een afbeelding ten opzichte van andere grafische objecten of tekst.

- **Uitlijning** bepaalt hoe de afbeelding horizontaal of verticaal wordt verplaatst ten opzichte van het verankeringspunt.

- **Verankering** bepaalt het referentiepunt voor de afbeelding. Dit referentiepunt kan de pagina, een alinea, het frame waarin het object zich bevindt, of een karakter zijn. Een afbeelding heeft altijd een ankerpunt.

- **Omloop** bepaalt wat er gebeurt met de tekst rondom een afbeelding. De tekst kan de afbeelding behandelen als een aparte alinea of als een teken. De tekst kan rondom de afbeelding achter of voor de afbeelding lopen.

Je kunt deze instellingen op de volgende manieren bereiken:

- in het menu *Opmaak*

- met een klik van de rechtermuisknop op de afbeelding

- vanaf de werkbalk *Afbeelding*

- via het tabblad *Omloop* van het dialoogvenster *Afbeelding*

Afbeeldingen schikken

Het schikken van afbeeldingen is alleen relevant wanneer objecten elkaar overlappen. Je kunt kiezen uit vier instellingen plus een speciale instelling die alleen geldt voor tekenobjecten.

- **Vooraan**: Plaatst de afbeelding bovenop (voor) een andere afbeelding of tekst.

- **Naar voren**: Brengt de afbeelding een niveau omhoog in de stapel. Afhankelijk van het aantal overlappende voorwerpen kan het nodig zijn om deze optie een paar keer toe te passen om het gewenste resultaat te krijgen.

- *Naar achteren*: Het tegenovergestelde van *Naar voren*; zorgt dat het geselecteerde object een niveau lager in de stapel objecten komt.

- *Naar achtergrond*: Zorgt dat de geselecteerde afbeelding aan de onderkant van de stapel komt zodat andere afbeeldingen en tekst de afbeelding bedekken.

- *Naar Achtergrond / naar Voorgrond*: (Alleen beschikbaar voor tekenobjecten.) Verplaatst het tekenobject *Achter* of *Voor* in de tekst.

Afbeeldingen verankeren

Je kunt afbeeldingen verankeren aan een *Pagina*, *Alinea*, een *Teken* of *Als een teken*. De methode die je kiest hangt af van wat je doel is.

- *Aan Pagina:* De afbeelding houdt dezelfde positie ten opzichte van de paginamarges. Hij verschuift niet wanneer je tekst toevoegt of verwijdert of een andere afbeelding toevoegt. Deze optie is vooral handig als de afbeelding de tekst niet hoeft te visualiseren. Het wordt vaak gebruikt wanneer je nieuwsbrieven of andere documenten maakt die erg bewerkelijk zijn in de vormgeving of voor plaatsing van een logo in een briefhoofd.

- *Aan alinea:* De afbeelding wordt gekoppeld aan een alinea en beweegt mee met deze alinea. De afbeelding kan in de marge of op een andere plaats staan. Deze methode gebruik je in plaats van een tabel voor het uitlijnen van afbeeldingen met tekst.

- *Aan teken:* De afbeelding wordt gekoppeld aan een teken maar zit niet in de zinsvolgorde. Hij beweegt met de alinea mee en mag ook in de marge of een andere locatie geplaatst zijn. Deze methode is gelijk aan de methode *Aan alinea* maar kan niet gebruikt worden met tekenobjecten.

- *Als teken:* De afbeelding wordt gekoppeld zoals elk ander teken in een document en is dus van invloed op de hoogte van de tekstregel en het regeleinde. De afbeelding beweegt met de paragraaf mee tijdens het toevoegen van tekst of het verwijderen van tekst. Deze manier is handig om afbeeldingen in een procedure volgorde te plaatsen (verankeren van een teken in een lege alinea) of voor het toevoegen van een klein pictogram in een zin.

Afbeeldingen uitlijnen

Wanneer je het ankerpunt van de afbeelding hebt vastgesteld kun je beslissen wat de positie van de afbeelding moet zijn ten opzichte van dit ankerpunt. Dit noemen we het *uitlijnen* van de afbeelding.

Je kunt kiezen uit de volgende zes mogelijkheden:

- vier voor het uitlijnen van de afbeelding verticaal (Boven, Beneden, Gecentreerd, Vanaf boven) en

- vier voor het uitlijnen van de afbeelding horizontaal (Links, Rechts, Midden, Vanaf links).

- Horizontale uitlijning is niet beschikbaar voor afbeeldingen die verankerd zijn als karakter.

Voor een nauwkeuriger controle van de uitlijning gebruik je de opties in de sectie *Positie* van het tabblad *Type* in het dialoogvenster *Afbeelding*.

In de onderstaande afbeelding zie je dat de linkerbovenhoek van de afbeelding (waar deze schermafdruk betrekking op heeft) 3 cm van de linkermarge van de horizontale pagina en 0 cm van de bovenmarge verticaal is.

Afbeeldingen en tekstomloop

De instelling voor de omloop van teksten rondom afbeeldingen bepaalt de relatie tussen de tekst en de afbeelding. Deze instelling kies je meestal pas nadat de afbeelding verankerd is en de uitlijning is bepaald.

- **Geen omloop**: tekst wordt boven en onder de afbeelding geplaatst en niet er omheen. Deze methode gebruiken we in dit boek het meest.

- **Paginaomloop**: tekst loopt rondom de afbeelding. Wanneer je de afbeelding over de pagina verplaatst vult de tekst de ruimte aan de linker- en de rechterkant van de afbeelding. Wanneer de afstand tussen het object en de paginamarge minder is dan 2 cm dan is er aan die kant geen omloop.

- **Dynamische paginaomloop**: laat de tekst automatisch naar links, rechts, of aan alle vier de kanten van de rand van het object omlopen. Als de afstand tussen het object en de paginamarge minder dan 2 cm is, zal de tekst niet omlopen.

- **Doorloop**: laat de tekst achter de afbeelding doorlopen. Deze optie gebruik je samen met de instellingen voor transparantie van de afbeelding om de tekst zichtbaar te maken. Dit is niet geschikt voor het maken van pdf-bestanden die gebruikt worden voor printing on demand diensten. Die staan over het algemeen geen afbeeldingen met transparantie toe.

- **Op Achtergrond**: gelijk aan *Doorloop* maar nu wordt de afbeelding achter de tekst geplaatst. In dit geval is het niet nodig om de afbeelding transparant te maken, zodat de tekst leesbaar is.

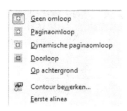

OPMERKING
Geen omloop vind je in het pop-up venster wanneer je op de rechtermuisknop klikt en is gelijk aan het menu onderdeel dat je vindt onder **Opmaak**, **Omloop** in de menubalk.

Wanneer je een afbeelding als teken verankert kun je alleen de afstand tussen de afbeelding en de tekst aanpassen. *Geen omloop* is dan niet beschikbaar.

Om de mogelijkheden van de omloopfuncties te regelen open je het dialoogvenster *Afbeelding* en selecteer je het tabblad *Omloop*.

Dit tabblad is verdeeld in drie secties. In het bovenste deel kun je de instellingen kiezen die we eerder bespraken plus twee extra omloop opties:

- *Erna* voorkomt dat de tekst de ruimte links van de afbeelding vult en

- *Ervoor* zorgt ervoor dat de tekst de ruimte rechts van de afbeelding vult.

Gebruik de opties in de sectie *Afstand* om de afstand tussen de afbeelding en de tekst aan te passen.

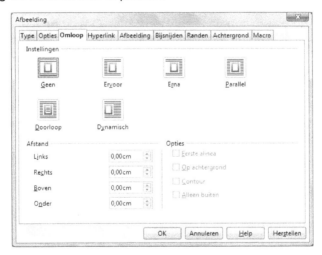

De beschikbare *Opties* in de rechterbenedenhoek van dit tabblad veranderen afhankelijk van de gekozen omloop.

- *Eerste alinea*: begint een nieuwe alinea onder de afbeelding wanneer je op *Enter* drukt zelfs als de tekst rondom de afbeelding had gekund.

- *Op de achtergrond*: wanneer **doorloop** is geselecteerd verdwijnt de afbeelding naar de achtergrond.

- *Contour*: de tekst gaat rond een aangepaste contour in plaats van rond de rand van de afbeelding. Het is alleen beschikbaar voor Paginaomloop.

- *Alleen buiten*: de tekst loopt om de buitenkant van het object heen, zelfs wanneer de contour open gebieden bevat. Wanneer je de contour van een object wilt wijzigen, selecteer dan het object en kies **Opmaak, Omloop, Contour bewerken**.

Om de paginaomloop in te stellen ga je als volgt te werk:

1. Voeg de gewenste afbeelding in het document in en veranker het aan de eerste alinea door de afbeelding te selecteren en te verschuiven tot je het ankersymbool aan het begin van de alinea ziet.

2. Gebruik de muis of de uitgebreide instellingen om de afbeelding zodanig uit te lijnen dat de afbeelding aan de linkerkant gelijk ligt met de alinea inspringing.

3. Wijzig de omloop naar *paginaomloop*. Om de ruimte tussen de afbeelding en de tekst te vergroten ga je naar het tabblad *Omloop* van het dialoogvenster *Afbeelding* en stel je de *Afstand* tussen de afbeelding en de tekst in op 0,2 cm in de velden *Rechts* en *Onder*.

4. Wijzig de positie van de afbeelding zodanig dat de afbeelding onder de eerste regel van de alinea begint. Gebruik hiervoor de muis of gebruik de geavanceerde instellingen.

Samenvatting

Je hebt in dit hoofdstuk gezien hoe je afbeeldingen geschikt maakt voor zwart-wit drukwerk.

Je weet nu ook hoe je op de beste manier de afbeeldingen bewerkt, bijsnijdt of in de tekst plaatst. Daarbij is ook uitgebreid stilgestaan bij het schikken, verankeren en uitlijnen van afbeeldingen.

Hoe je omgaat met teksten rondom afbeeldingen is nu ook geen geheim meer voor je.

In het volgende hoofdstuk behandelen we het maken van pdf-bestanden. Deze bestanden zijn geschikt om naar de drukker te sturen of om als e-boek te gebruiken.

11 Pdf-bestanden maken

*E*en van de sterke punten van OpenOffice.org en LibreOffice is altijd geweest dat je zonder tussenkomst van andere programma's een document direct naar PDF (Portable Document Format) kunt exporteren. Dit bestandsformaat wordt door de meeste printing on demand (POD) drukkers en uitgevers geaccepteerd. PDF is ook het meest gebruikte bestandsformaat voor e-boeken omdat het op bijna alle computers, e-readers, tablets en smartphones kan worden gelezen.

OPMERKING
Tegenwoordig wordt ook veel het e-pub formaat gebruikt voor e-boeken. Het maken van e-pub bestanden behandelen we echter niet in dit boek. Wel zijn er hulpmiddelen beschikbaar zoals de extensie Writer2epub of het los te gebruiken open source programma Sigil. Zie de bijlage voor de links naar deze tools.

Zorg ervoor dat je bij jouw POD service navraagt of zij bijzondere eisen stellen aan pdf-bestanden. Op het moment van schrijven van dit boek worden meestal de volgende eisen gesteld:

- Grafische bestanden mogen niet transparant zijn. Gebruik eventueel je beeldbewerkingsprogramma zoals Gimp of Photoshop om de transparantie te verwijderen. (Raadpleeg de documentatie van het bewerkingsprogramma hoe je dat moet doen.)

- Wanneer je boek in zwart-wit wordt gedrukt mogen grafische afbeeldingen en foto's niet in kleur zijn opgenomen. Bij voorkeur zijn afbeeldingen in grijstinten met een resolutie van 300 dpi of meer. Je kunt de afbeeldingsresolutie tijdens het *Exporteren als PDF* instellen.

- Alle fonts moeten zijn ingesloten. De PDF exportfunctie van Writer doet dit automatisch.

Sommige drukkerijen eisen om technische redenen dat je Adobe Acrobat gebruikt of andere producten van Adobe om pdf-bestanden te maken. Lees daarvoor het hoofdstuk 'Afdrukken naar PostScript voor PDF-conversie' op pagina 172.

De beste instellingen voor het maken van pdf-bestanden die bestemd zijn voor drukwerk zijn vaak anders dan de instellingen voor pdf-bestanden die als e-boek worden gelezen. Wanneer je jouw boek beschikbaar wilt stellen in gedrukte vorm en als e-boek, moet je twee verschillende PDF's maken met verschillende instellingen.

Direct exporteren als PDF

Klik in de werkbalk op het icoon 🔳 **Direct Exporteren als PDF**. Het pdf-bestand wordt gemaakt volgens de laatste instellingen die zijn gemaakt in het dialoogvenster PDF-optie (**Bestand, Exporteren als PDF...**) Je kunt de bestandsnaam invullen en de locatie kiezen waar het pdf-bestand wordt opgeslagen. Andere instellingen zijn hier niet mogelijk.

LET OP
Om een PDF te maken dat bestemd is voor een drukker is het belangrijk dat je eerst alle instellingen in het dialoogvenster van *PDF-optie* doorloopt.

Controle over PDF-inhoud en kwaliteit

Voor meer controle over de inhoud en kwaliteit van het pdf-bestand ga je naar **Bestand, Exporteren als PDF....** Het dialoogvenster **PDF-optie** opent. Dit dialoogvenster heeft vijf tabbladen die wij nu bespreken.

Tabblad Algemeen

In het tabblad *Algemeen* kun je bepalen welke pagina's je in het pdf-bestand wilt opnemen, welke vorm van compressie je wilt gebruiken voor afbeeldingen (dit is van invloed op de kwaliteit van de afbeeldingen in het pdf-bestand) en nog enkele andere opties.

Bereik

Alle

Exporteert het volledige document. Deze instelling gebruik je voor het maken van een pdf-bestand van je boek.

Pagina's

Soms wil je slechts enkele pagina's uit je boek exporteren naar een pdf-bestand, bijvoorbeeld als voorbeeldpagina's. Voor een reeks pagina's gebruik je de indeling 3-6 (pagina's 3 tot 6).

Voor losse pagina's gebruik je bijvoorbeeld 7,9,11 (pagina's 7, 9, en 11).

Je kunt ook combinaties van paginabereiken exporteren samen met losse pagina's. Daarvoor gebruik je bijvoorbeeld: 3-6,8,10,12.

Selectie

Exporteert een geselecteerd deel van de tekst. Dit is vooral handig om delen van het boek te (laten) controleren.

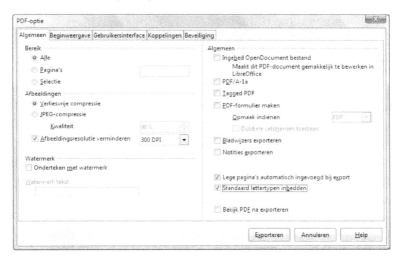

Afbeeldingen

Verliesvrije compressie

Afbeeldingen worden geëxporteerd zonder verlies van kwaliteit. Kies deze instelling voor boeken die gedrukt gaan worden.

JPEG-compressie

Geeft je de mogelijkheid een percentage van de kwaliteit in te stellen. Een instelling van 90% werkt over het algemeen goed. Deze instelling is goed voor e-boeken.

Afbeeldingsresolutie verminderen

Voor het uitgeven via een printing on demand service stel je dit in op 300 of 600 dpi (dots per inch). Afbeeldingen met een lagere kwaliteit dan 300 dpi zijn voor e-boeken nog wel geschikt maar voor drukwerk is dat absoluut onvoldoende.

Watermerk

Deze functie is nieuw sinds versie 3.6. van LibreOffice. Vooral voor e-boeken kan dit een handige functie zijn. Vink het vakje *Onderteken met watermerk* aan en vul de tekst in bij *Watermerk*. Het watermerk verschijnt verticaal in het pdf-bestand.

Algemeen

Ingebed OpenDocument bestand

Wanneer je dit aanvinkt ben je in staat om een document als een pdf-bestand te exporteren in twee bestandsformaten: PDF and ODF. In PDF viewers gedraagt het bestand zich als een gewoon pdf-bestand en kun je het volledig bewerken in LibreOffice. Dit is een nieuwe functie sinds LibreOffice 3.5.

PDF/A-1

Dit formaat is ontworpen om bestanden te bewaren voor een lange termijn. Het is over het algemeen niet geschikt voor POD diensten.

Niet gebruiken.

Tagged PDF

Alleen relevant voor weergave van PDF's op het scherm. Afhankelijk van speciale tags die ingebed zijn in het odt bestand. Dit onderwerp valt buiten het bestek van dit boek.

Niet gebruiken.

PDF-formulier maken

Kies dit formaat voor formulieren die gemaakt zijn om het pdf-bestand in te vullen en af te drukken. Niet relevant voor POD of e-boeken.

Niet gebruiken.

Bladwijzers exporteren

Alle hyperlinks in de tekst en in inhoudsopgaven zijn in het pdf-bestand klikbaar. Niet aanzetten voor boeken die gedrukt gaan worden. Voor e-boeken kun je dit aanzetten als je dat wilt.

Notities exporteren

Exporteert notities als pdf-bestand.

Niet gebruiken voor drukwerk of een e-boek.

Lege pagina's automatisch ingevoegd bij export

Hoofdstukken in boeken beginnen meestal op een oneven genummerde (rechter) pagina. Wanneer het voorgaande hoofdstuk eindigt op een oneven pagina, voegt Writer een blanco pagina toe tussen de twee oneven pagina's. Voor gedrukte boeken kies je deze optie. Voor e-boeken kun je overwegen deze mogelijkheid niet te gebruiken.

Standaard lettertypen inbedden

De 14 standaard Postscript lettertypen worden niet ingesloten in een pdf-bestand omdat elk PDF-lees programma deze lettertypen bevat. Schakel deze optie in om de standaard lettertypen die op je systeem zijn geïnstalleerd, en die je hebt gebruikt in het document, in te sluiten. Gebruik deze optie wanneer je een beter eindresultaat verwacht of wanneer je een beter standaard lettertype hebt dan dat beschikbaar is in de standaard PDF-viewers.

Bekijk PDF na exporteren

Wanneer je dit aanvinkt kun je de PDF die je zojuist hebt gemaakt bekijken. Kan soms erg handig zijn.

Tabblad Beginweergave

Dit tabblad is alleen relevant voor e-boeken. De opties bepalen hoe het pdf-bestand in PDF-lees programma's wordt weergegeven.

Om problemen bij gedrukte boeken te voorkomen kies je **Alleen pagina** in het onderdeel *Deelvensters*. Laat **Openen op pagina 1** gewoon zo staan en kies voor *Standaard* onder zowel *Vergroting* als onder *Paginalay-out*.

Voor e-boeken kun je ervoor kiezen om **Bladwijzers en pagina** onder *Deelvensters* te selecteren. Laat alles onder *Vergroting* en *Paginalay-out* op **Standaard** staan.

Experimenteer eens met de andere mogelijkheden om te ontdekken wat wel of niet voor jou bruikbaar is.

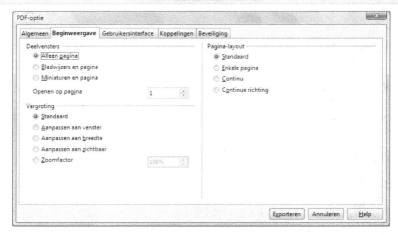

Tabblad Gebruikersinterface

Dit tabblad is alleen relevant voor e-boeken. De opties bepalen hoe een PDF-leesprogramma het bestand weergeeft.

Om problemen bij gedrukte boeken te voorkomen schakel je alle opties uit met uitzondering van **Alle bladwijzerniveaus** in het onderdeel Bladwijzers.

Voor e-boeken schakel je **Documenttitel weergeven** in onder *Vensteropties*, maar schakel je alle andere opties in deze sectie en de sectie *Opties van gebruikersinterface* uit. In de sectie *Bladwijzers* selecteer je **Zichtbare bladwijzerniveaus** en wijzig je het getal zodat het overeenkomt met het aantal niveaus in de inhoudsopgave van het boek.

Ook hier kun je door te experimenteren met de mogelijkheden bekijken of ze voor jou bruikbaar zijn.

TIP

Zorg ervoor dat op de tab *Beschrijving van de Document Eigenschappen* (**Bestand**, **Eigenschappen**) de juiste titel is vermeld.

Tabblad Koppelingen

In dit tabblad bepaal je hoe hyperlinks in het document of tussen andere documenten (al dan niet op internet) in een e-boek worden geëxporteerd naar PDF. Dit wordt verder niet in dit boek besproken.

Voor boeken die gedrukt worden schakel je alle opties uit behalve **Standaardmodus** in de sectie *Koppelingen tussen documenten onderling*.

Tabblad Beveiliging

PDF-export van Writer heeft enkele opties voor encryptie (een wachtwoord is dan nodig om de PDF te openen) en het toepassen van enkele moğelijkheden van Digital Rights Management functies. DRM is een techniek om digitale rechten van makers of uitgevers (de 'rechthebbenden') van werken (bv. muziek, afbeeldingen en teksten) te beveiligen tegen ongeoorloofd kopiëren.

Zodra je een wachtwoord instelt bij *Wachtwoorden instellen* en vervolgens *Wachtwoord instellen voor rechten* komen de opties aan de rechterkant beschikbaar.

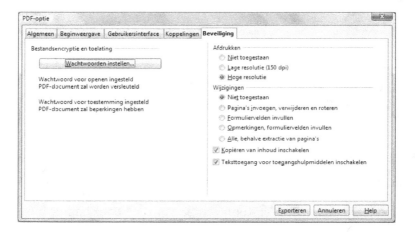

Voor PDF's die moeten worden afgedrukt *stel je geen wachtwoorden* in. Drukkerijen kunnen niet overweg met bestanden die om wachtwoorden vragen.

Voor een e-boek kun je ervoor kiezen om wel wachtwoorden in te stellen. Wanneer je zowel printing on demand boeken als e-boeken met DRM functies wilt verkopen moet je dus twee pdf-bestanden met verschillende instellingen maken.

Afdrukken naar PostScript voor PDF-conversie

De POD service waarmee jij gaat samenwerken kan van je eisen dat je bestanden aanlevert die gemaakt zijn met Adobe Acrobat, Indesign of in een bestandsformaat waarvan zij zelf een pdf-bestand maken.

Om aan deze eis te kunnen voldoen kun je het document vanuit Writer afdrukken naar een PostScript-bestand. Dat wordt dan door de POD service omgezet naar een pdf-bestand met bijvoorbeeld Adobe Acrobat. Sla je bestand dus *niet* op in een ander tekstverwerkingsformaat zoals doc of rtf; zelfs niet als je POD service dat wel zou accepteren. Je weet dan namelijk niet meer zeker of de juiste opmaak behouden blijft.

Wanneer je zelf niet de beschikking hebt over een van de Adobe producten dan kun je online bij Adobe je bestand laten converteren (niet gratis) of via een van de vele andere diensten van derden die op internet beschikbaar zijn. Sommige diensten zijn gratis en voor andere moet je betalen.

OPMERKING
Het is niet mogelijk om met de gratis Adobe Reader pdf-bestanden te maken. Je hebt hiervoor echt Adobe Acrobat of Adobe Indesign nodig (prijzig!). Via internet zijn gratis virtuele printers voor Postscript te verkrijgen. Ghostscript is er zo een (http://www.ghostscript.com/).

Om af te drukken naar een PostScriptbestand:

1. Kies je **Bestand, Afdrukken.**

2. Klik in het dialoogvenster op het tabblad *Opties* en kies daar voor **Afdrukken naar bestand**.

3. Klik onder in het venster op **Afdrukken naar bestand...**, kies waar je het bestand wilt opslaan en vul een bestandsnaam in. Het bestandstype moet worden vermeld als PostScript. Zit die keuze er niet bij haal dan het vinkje weg bij **Automatische bestandsnaamextensie** en vul achter de bestandsnaam **.PS** in. Klik vervolgens op **Opslaan**.

OPMERKING
Als je kiest voor een zwart-wit printer uit de printerlijst dan zal de uiteindelijke PDF (na conversie naar PostScript) in grijstinten uitgevoerd zijn.

Samenvatting

In dit hoofdstuk heb je gezien waar je op moet letten wanneer je een PDF van je document maakt, dat geschikt is voor de drukker.

We hebben uitgebreid stilgestaan bij alle instelmogelijkheden die er zijn en hoe je de beste kwaliteit PDF kunt krijgen.

Ook heb je gezien hoe je kunt afdrukken naar een postscript-bestand wanneer jouw drukker dat vereist.

In het volgende hoofdstuk leer je alles over het toepassen van Speciale effecten in je boek.

12 Speciale effecten

*I*n dit hoofdstuk komt een aantal speciale effecten aan bod die je met Writer in je document kunt toepassen:

- Initialen

- Tekenafstand

- Roterende tekst

- Tekst verticaal centreren op een pagina

- Alinea- en paginaranden en achtergronden

- Speciale effecten voor opsommingslijsten

- Speciale effecten in kop- en voetteksten

- Kruisverwijzingen

Initialen

Een initiaal (ook wel drop cap genoemd) is een model dat je kunt toepassen op de eerste letter van een alinea. Het is een grote hoofdletter die meerdere regels in hoogte gebruikt. Sommige boeken maken van een initiaal gebruik in de eerste alinea van een nieuw hoofdstuk.

Waarom gebruiken we LibreOffice?

LibreOffice is een vrij beschikbaar en zeer compleet kantoorpakket. LibreOffice oorspronkelijke bestandsindeling is OpenDocument, een open standaard-indeling die wereldwijd door overheden wordt aanvaard als een vereiste bestandsindeling voor het publiceren en ontvangen van documenten.

Wanneer je *Initialen* hebt gedefinieerd worden ze alleen weergegeven wanneer de alinea minimaal zoveel regels heeft als de hoogte van de initiaal. Kortere alinea's, ook al zijn die opgemaakt met een opmaakprofiel dat initialen bevat, laten deze initiaal niet zien.

OPMERKING
wanneer de initiaal is gedefinieerd voor 3 regels hoogte en de

alinea heeft maar twee regels, dan wordt de initiaal *niet* getoond.
Heeft de alinea meer dan 3 regels dan wordt de initiaal wel
getoond.

Om een initiaal te maken ga je als volgt te werk:

1. Kies **Opmaak**, **Alinea,**
    of klik met de rechtermuisknop in de alinea en kies **Alinea,**
    of kies **Alinea-opmaakprofiel bewerken**.

2. Op het Tabblad *Initialen* kies je het *aantal tekens* dat de initiaal
    omvat (standaard meestal 1), het *aantal regels* voor de hoogte
    van de initiaal en geef je de *Afstand tot de tekst* op. Soms kan
    het nodig zijn om even te experimenteren voor het juiste
    gewenste resultaat.

3. Optioneel kun je nog een Tekenopmaakprofiel toewijzen voor
    bijvoorbeeld een afwijkend lettertype voor de initiaal. In de
    volgende paragraaf 'Het Initiaal tekenopmaakprofiel bewerken'
    lees je hier meer over.

4. Klik op **OK** wanneer je klaar bent.

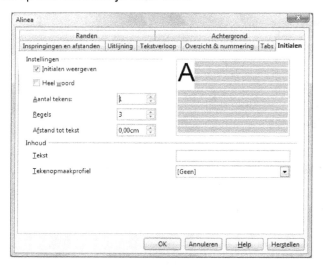

Het Initiaal tekenopmaakprofiel bewerken

Je kunt ervoor kiezen om initialen in een ander lettertype te maken.
Omdat voor elkaar te krijgen ga je als volgt te werk:

1. In het venster *Stijlen en opmaak* (F11) klik je op het icoon voor de *Tekenopmaakprofielen.*

2. Klik met de rechtermuisknop op **Initialen** en kies **Wijzigen.** Dit opent de het dialoogvenster *Tekenopmaakprofielen: Initialen.* Hier kun je het lettertype voor de initialen naar wens aanpassen.

3. In het dialoogvenster *Alinea-opmaakprofiel,* zoals hierboven beschreven, kies je vervolgens het **Tekenopmaakprofiel Initialen**.

Tekenafstand

Het kan een aardig idee zijn om aangepaste tekenafstanden te definiëren waarmee een effect wordt bereikt zoals in het voorbeeld hieronder.

Om dit voor elkaar te krijgen definieer je een alineaopmaakprofiel waarin je extra afstand aanbrengt tussen de letters onderling. Je gebruikt een alineaopmaakprofiel omdat je wilt dat deze opmaak van toepassing is op de gehele alinea. Een titel is een alinea, weet je nog?

Je kunt ook een tekenopmaakprofiel maken en dit toepassen op geselecteerde woorden. Je moet er dan wel op letten dat je geen woorden mist tijdens de selectie.

Om extra ruimte tussen de letters te maken (zoals in de afbeelding hierboven) ga je naar het tabblad *Positie* van het dialoogvenster *Alinea-opmaakprofiel: Standaard.* In de sectie *Afstand* selecteer je **Verbreed** en geeft je een getal op voor de ruimte die tussen de tekens wordt geplaatst. Mogelijk moet je een beetje experimenteren om de beste afstand voor het gewenste effect te vinden.

Roterende tekst

Een veel voorkomend gebruik van geroteerde teksten kom je tegen bij tabelkoppen. In de eerste rij van een tabel met smalle kolommen kun je ze gebruiken zoals je in onderstaande afbeelding ziet.

In de sectie *Rotatie / schaal* van het dialoogvenster *Alinea-opmaakprofiel*, tabblad *Positie,* kun je aangeven of de tekst in het desbetreffende alinea-opmaakprofiel moet roteren.

Tabel met geroteerde koppen

Om een dergelijk effect te bereiken maak je eerst een nieuw alinea-opmaakprofiel. Op het tabblad *Positie* van het dialoogvenster *Alinea-opmaakprofiel* geef je in de sectie *Rotatie / schaal* aan dat de tekst 90 graden gedraaid moet worden.

Klik op **OK** om het nieuwe opmaakprofiel op te slaan.

Vervolgens selecteer je de eerste rij van de tabel en voegt daaraan het nieuwe opmaakprofiel toe. Alle tekst in die rij cellen wordt nu geroteerd weergegeven.

Wanneer de tabelkoppen aan de bovenkant van de cellen zijn uitgelijnd, kun je dit aanpassen door ze te lijnen aan de onderkant van de cellen zoals in de afbeelding hierboven is gedaan.

Selecteer de cellen en klik vervolgens met de rechtermuisknop in de selectie en kies **Cel**, **Beneden**. Je kunt ook in de menubalk voor **Opmaak**, **Uitlijning**, **Beneden** kiezen.

Tekst verticaal op een pagina centreren

Wil je de tekst op een titelpagina verticaal centreren? Zo ja, dan moet je de tekst in een kader plaatsen. In Writer noemen we zo'n kader een frame. Dit frame centreren we op de pagina.

1. Selecteer de tekst die je verticaal wilt centreren.

2. Kies in de menubalk **Invoegen**, **Frame**.
   Op het tabblad *Type* kies je voor **Automatisch** onder *Breedte* en voor **Autom. grootte** onder *Hoogte*.

3. In de sectie *Verankering* kies je voor **Aan pagina**

4. Onder *Positie* kies je voor **Midden** bij *Horizontaal* en **Gecentreerd** bij *Verticaal*.

5. Voor verticaal centreren kan je keuze liggen tussen gecentreerd *naar Paginatekstgebied* of centreren *naar Hele pagina*. Dat is afhankelijk van de boven en onder marges van de pagina en het effect dat je uiteindelijk wilt bereiken.

6. Klik op **OK** om het frame in te voegen in je document.

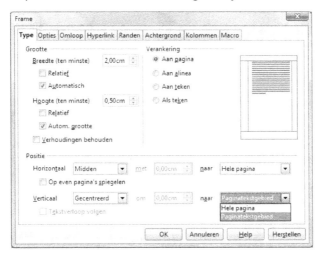

Alinea randen en achtergronden

Om een decoratief element toe te voegen aan een kop, of om een alinea op te laten vallen ten opzichte van de rest van de tekst, kun je de alinea een rand, een gekleurde achtergrond of een achtergrond met een afbeelding meegeven.

Gebruik daarvoor de tabbladen *Achtergrond* en *Randen* van het dialoogvenster *Alinea-opmaakprofiel*. De opties op deze tabbladen zijn duidelijk maar je kunt rekening houden met het volgende:

Op het tabblad *Randen*:

- Let je op voor de effecten die ontstaan door de inspringingen in het alineaopmaakprofiel en de afstand tussen de randen en het gebied van de alinea.

- Wil je een rand hebben rond meerdere alinea's selecteer dan **Met volgende alinea samenvoegen** in de sectie eigenschappen aan de onderkant van het dialoogvenster.

Op het tabblad *Achtergrond*:

- Voor het beste effect voor zwart-wit afdrukken maak je een keuze uit de grijze tinten en kies je geen echte kleur. Als je de gewenste kleur niet in de lijst met vooraf gedefinieerde kleuren kunt vinden kun je die kiezen in de menubalk **Extra**, **Opties**, **Kleuren.**

- Je kunt ook een grafische afbeelding gebruiken als achtergrond in plaats van een kleur.
  Houd er dan echter rekening mee dat grafische achtergronden over het algemeen niet goed in zwart-wit druk worden weergegeven.
  Kies **Afbeelding** in het drop-down menu en zoek via **Bladeren** de afbeelding op je computer. Pas zo nodig de instellingen aan.

- De achtergrond wordt alleen toegepast op het gebied van de alinea. Wanneer je enkele inspringingen hebt gedefinieerd blijft de ruimte tussen de alinea en de marge in de kleur van de pagina staan.

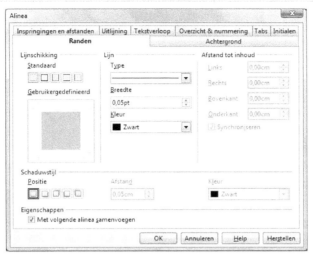

Paginaranden en achtergronden

Randen en achtergronden voor pagina's maken deel uit van het *paginaopmaakprofiel.* Gebruik het tabblad *Randen* om een rand rond het tekstgebied van een pagina te krijgen. Gebruik het tabblad *Achtergrond* van het paginaopmaakprofiel om een achtergrond op de pagina toe te passen. Je kunt kiezen tussen een kleur of een grafische afbeelding voor de achtergrond. Voor de randen kun je een keuze maken uit de verschillende lijnstijlen.

Randen en achtergronden omvatten *niet* de gebieden van de marges maar wel de gebieden van de kop- en voettekst. Wanneer je een kleur of afbeelding voor de hele pagina op slechts enkele pagina's wilt hebben kun je een speciaal paginaopmaakprofiel maken. Dit profiel heeft marges van 0 cm en dat pas je toe op pagina's wanneer je dat wilt.

Om tekst (zoals bijvoorbeeld een hoofdstuktitel) op een dergelijke pagina in te sluiten met de juiste marges, zet je de tekst in een frame en plaats je het frame waar je de tekst wilt hebben. (Zie ook 'Tekst verticaal centreren op een pagina' op pagina 179)

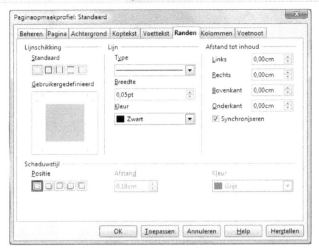

Speciale effecten voor opsommingslijsten

Nummers van opsommingslijsten zijn standaard in hetzelfde lettertype en dezelfde grootte als de tekst. Om genummerde lijsten visueel aantrekkelijker te maken kun je de getallen groter, vetter, in een ander lettertype of met andere effecten weergeven.

Wijzig daarvoor in het tabblad *Lettertype* van het dialoogvenster *Tekenopmaakprofiel: Opsommingstekens* het uiterlijk van de opsommingstekens.

Zorg ervoor dat in het dialoogvenster *Opmaakprofiel voor nummering* het tekenopmaakprofiel **Opsommingstekens** is geselecteerd. Je moet dit doen voor elk niveau in de lijst dat je wilt wijzigen.

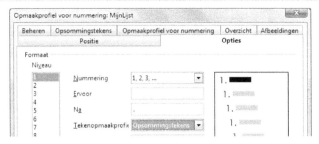

Speciale effecten in Kop- en Voetteksten

Stel dat je een eenvoudige kop- of voettekst wilt hebben die slechts een paginanummer bevat dat visueel gescheiden is van de hoofdtekst door een dunne lijn. Je wilt echter niet dat de lijn de volle breedte van het voettekstgebied gebruikt. Hieronder laten we zien hoe je dat kunt doen.

Definieer in het tabblad *Voettekst* van het alinea-opmaakprofiel, dat de voettekst voor en na de tekst lijnen heeft en is gecentreerd.

De eerste twee afbeeldingen hieronder laten het voorbeeld zien van deze instellingen; het resultaat zie je daarna in de derde afbeelding op de volgende pagina.

Je kunt ook afbeeldingen, document informatie (zoals de titel van het boek of naam van de auteur) en kleine tabellen in een kop- of voettekst opnemen.

Voeg een tabel in de voettekst in wanneer je meer dan één regel tekst wilt hebben of wanneer je de informatie in de voettekst op verschillende manieren wilt uitlijnen (links, rechts, gecentreerd).

Document informatie insluiten

Kop- en voetteksten bevatten vaak document informatie zoals de titel van het boek, de naam van de auteur of de naam van het hoofdstuk.

Je kunt deze en andere vaste informatie in de kop- of voettekst typen of je gebruikt daarvoor een *veld.*

Wanneer informatie per hoofdstuk verandert moet je een *veld* gebruiken dat informatie bevat die voor die pagina relevant is. In dit boek is dat bijvoorbeeld gedaan met de koptekst die de hoofdstuktitel bevat.

Om de titel van het hoofdstuk in een kop- of voettekst op te nemen ga je als volgt te werk:

1. Klik in de kop- of voettekst en kies **Invoegen**, **Velden**, **Overige** (of druk op **Ctrl + F2**) om het dialoogvenster *Velden* te openen.

2. In het tabblad *Document* selecteer je **Hoofdstuk** in de lijst *Type* en **Hoofdstuknaam** in de lijst *Notatie.*

3. Zorg ervoor dat het niveau is ingesteld op **1**, klik vervolgens op **Invoegen.**

Het veld *Hoofdstuk* gebruikt de hiërarchie van de koppen zoals die gedefinieerd zijn in het dialoogvenster 'Hiërarchie definiëren van kopregels' (zie pagina 122). Die hiërarchie bepaalt ook welke koppen in een inhoudsopgave voorkomen

Het veld *Niveau* bepaalt welke kop van het overzichtsniveau in het veld wordt getoond. Bijvoorbeeld: Niveau 1 geeft altijd de meest recent gevonden kop die het alineaopmaakprofiel heeft en dat is geselecteerd voor Niveau 1 in het dialoogvenster Overzichtsnummering. Niveau 2 geeft de meest recente titel van het alineaopmaakprofiel dat geselecteerd is in niveau 2 van de Overzichtsnummering, enzovoort.

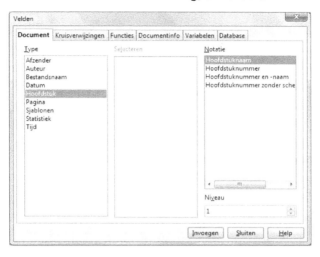

Teksten uitlijnen in kop- en voetteksten

Je gebruikt een tabel om teksten in kop- en voetteksten uit te lijnen. Daar kies je voor wanneer een of meer van de onderdelen die je wilt opnemen, te lang zijn om in de beschikbare ruimte te passen. Ook wanneer je meer dan één regel informatie nodig hebt gebruik je een tabel.

De inhoud van elke cel in de tabel kan dan onafhankelijk van de andere cellen links, midden, of rechts worden gelijnd.

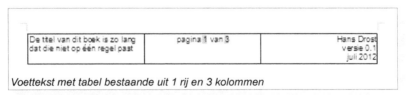

Voettekst met tabel bestaande uit 1 rij en 3 kolommen

Plaats de cursor in de voettekst en kies in de menubalk **Invoegen**, **Tabel.** Kies het aantal rijen en kolommen dat je nodig hebt en klik op **OK.** Een mogelijke indeling kan 3 kolommen in een rij bevatten, zoals het voorbeeld hierboven laat zien.

Vanaf versie 3.5 is het toevoegen en opmaken van Kop- en Voetteksten in LibreOffice aanzienlijk vereenvoudigd. In onderstaande afbeelding zie je hoe je snel een voettekst (of koptekst) kunt toevoegen en bewerken.

- *Voettekst opmaken...* opent het dialoogvenster Paginaopmaakprofiel.

- *Randen en Achtergrond* opent het dialoogvenster Rand / Achtergrond

- *Koptekst verwijderen*, deze keuze verwijdert na een waarschuwing zowel een eventueel aanwezige Koptekst maar ook de Voettekst!

Toevoegen en bewerken van kopteksten werkt op dezelfde eenvoudige manier.

Kruisverwijzingen

Met kruisverwijzingen kun je in een document naar specifieke tekstpassages en objecten springen. In een e-boek kun je die verwijzingen als hyperlinks gebruiken.

In een gedrukt boek (maar uiteraard ook in een e-boek) zorgen verwijzingen ervoor dat bijvoorbeeld paginanummers, goed bijgehouden worden.

Een kruisverwijzing bestaat uit een doel en een verwijzing die beiden als velden in het document worden ingevoegd. Je kunt zowel objecten met bijschriften, als bladwijzers als doelen gebruiken.

Kruisverwijzingen voor tekst

Voordat je een kruisverwijzing kunt invoegen moet je eerst de doelen in de tekst specificeren.

Doel invoegen

1. Selecteer de tekst die je wilt gebruiken als doel voor de kruisverwijzing.

2. Kies in de menubalk **Invoegen, Kruisverwijzing**.

3. Selecteer **Verwijzing instellen**

4. Typ een naam voor het doel in het vak *Naam*. De geselecteerde tekst wordt in het vak *Waarde* weergegeven.

5. Klik op **Invoegen**. De naam van het doel wordt aan de lijst *Selectie* toegevoegd.

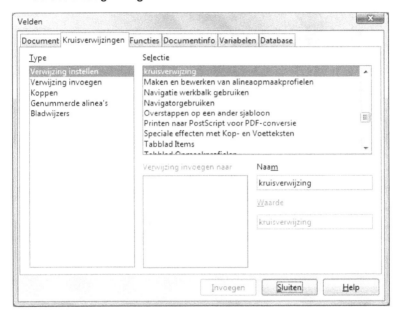

Kruisverwijzing naar een doel

1. Plaats de cursor op de positie in de tekst waar je de kruisverwijzing wilt invoegen.

2. Kies **Invoegen**, **Kruisverwijzing** om het dialoogvenster te openen, als het nog niet is geopend.

3. In de lijst *Type* selecteer je **Verwijzing invoegen**.

4. In de lijst *Selectie* selecteer je het doel van de kruisverwijzing.

5. Selecteer in de lijst *Verwijzing invoegen naar* de opmaak voor de kruisverwijzing. De opmaak bepaalt het type informatie dat als kruisverwijzing wordt weergegeven.

Verwijzing voegt bijvoorbeeld de tekst van het doel in en *Pagina* voegt het paginanummer in van de pagina waar het doel staat. Voor voetnoten wordt het nummer van de voetnoot ingevoegd.

6. Klik op **Invoegen.**

7. Klik op **Sluiten** wanneer je klaar bent.

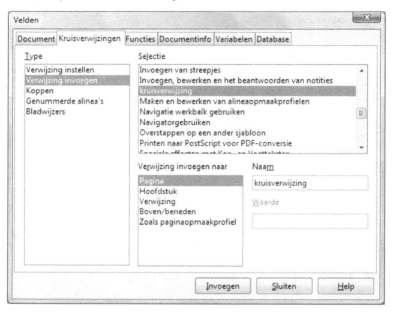

Kruisverwijzing voor een object

Je kunt in je document een kruisverwijzing maken naar de meeste objecten, zoals afbeeldingen, tekenobjecten en tabellen. De objecten moeten echter wel een bijschrijft hebben.

Selecteer eerst het object en kies **Invoegen**, **Bijschrift** om een bijschrift aan een object toe te voegen.

1. Klik in het document op de plaats waar je de kruisverwijzing wilt invoegen.

2. Kies **Invoegen**, **Kruisverwijzing.**

3. In de lijst *Type* selecteer je de categorie van het bijschrift van het object.

4. Kies in de lijst *Selectie* het bijschriftnummer van het object waarvoor je een kruisverwijzing wilt maken.

5. Selecteer in de lijst *Verwijzing invoegen naar* de opmaak van de kruisverwijzing.
De opmaak bepaalt welk type informatie wordt weergegeven als kruisverwijzing.
Verwijzing voegt bijvoorbeeld de bijschriftcategorie en de bijschrifttekst van het object in.

6. Klik op **Invoegen.**

7. Klik op **Sluiten** wanneer je klaar bent.

Kruisverwijzingen bijwerken

Om wijzigingen in kruisverwijzingen bij te werken druk je op **F9**. De wijzigingen gelden dan voor het hele document

Kies **Beeld**, **Veldnamen** of **Ctrl+F9** om te schakelen tussen de verwijzingsnamen en de verwijzingsinhoud.

Samenvatting

In dit hoofdstuk heb je gezien hoe je initialen kunt toepassen en de tussenruimte tussen teksten kunt vergroten. Het roteren van teksten en verticaal centreren is ook besproken.

We hebben uitgebreid aandacht besteed aan de verschillende Speciale effecten die je bijvoorbeeld ook in kop- en voetteksten kunt toepassen.

Ook hebben we uitvoerig stilgestaan bij het maken van kruisverwijzingen en het nut daarvan.

In het volgende hoofdstuk staat het werken met sjablonen centraal.

13 Werken met sjablonen

*E*en sjabloon is een model (template) dat je gebruikt als basis om andere documenten te maken. Je kunt bijvoorbeeld een sjabloon maken voor een hoofdstuk van een boek dat alle paginaopmaakprofielen, alinea-opmaakprofielen of de inhoud van kop- en voetteksten zoals paginanummers en andere informatie bevat. Nieuwe hoofdstukken die je maakt op basis van dit sjabloon hebben allemaal dezelfde opmaak en zien er hetzelfde uit.

In een later stadium is het mogelijk opmaakprofielen in een sjabloon te bewerken om daarna alle documenten bij te werken die op basis van dat sjabloon gemaakt zijn. Op deze manier houden alle hoofdstukken een consistent uiterlijk. Zie ook 'Document bijwerken wanneer het sjabloon is gewijzigd' op blz. 196

Je kunt ook een ander sjabloon toepassen op een document. Wanneer de opmaakprofielen in het nieuwe sjabloon dezelfde benamingen hebben zal het uiterlijk van het document veranderen overeenkomstig het nieuwe sjabloon. Zie daarvoor 'Overstappen op een ander sjabloon' op pagina 196.

Sjablonen kunnen alles bevatten wat gewone documenten ook kunnen bevatten. Denk daarbij aan teksten, afbeeldingen, verzamelingen van opmaakprofielen en de door de gebruiker ingestelde specifieke installatie-informatie zoals maateenheden, taal, standaard printer, werkbalken en menu's.

Alle Writer-documenten zijn gebaseerd op sjablonen. Wanneer je geen specifiek sjabloon opgeeft als je een nieuw document gaat maken gebruikt Writer het standaard sjabloon voor tekstdocumenten. Wanneer je nog niet eerder een sjabloon hebt aangewezen als standaardsjabloon (zie 'Een eigen standaardsjabloon maken' op pagina 194) gebruikt Writer een leeg sjabloon dat standaard aanwezig is.

Om te controleren welk sjabloon gekoppeld is aan een document ga je naar **Bestand**, **Eigenschappen** en kijk je onderin het tabblad *Algemeen*. Wordt er geen naam van een sjabloon vermeld dan is het document gemaakt op basis van het standaardsjabloon voor tekstdocumenten.

OPMERKING
Het werken met sjablonen is in versie 4.0 van LibreOffice

behoorlijk veranderd ten opzichte van de voorgaande versies van LibreOffice en Apache OpenOffice. Writer maakt nu gebruik van een Sjabloonmanager waarmee je sjablonen beheert.

Wanneer je LibreOffice nieuw hebt geïnstalleerd is alleen de map *Mediawiki* aanwezig. Andere mappen worden pas zichtbaar wanneer daarin sjablonen zijn opgeslagen

Een document maken op basis van een sjabloon

1. Kies in het hoofdmenu **Bestand**, **Nieuw**, **Sjablonen**. De *Sjabloonmanager* opent.

2. Kies via de tabbladen het type sjabloon dat je wilt gebruiken. De sjablonen zijn verzameld in de mappen die je in de *Sjabloonmanager* ziet.

3. Dubbelklik op de map waarin het sjabloon zit dat je wilt gebruiken. Je ziet een overzicht van alle beschikbare sjablonen in die map.

4. Klik op het sjabloon dat je wilt gebruiken. Klik op *Eigenschappen* om een voorbeeld van het geselecteerde sjabloon en de gegevens van het sjabloon te bekijken.

5. Dubbelklikken op het sjabloon opent in Writer een nieuw document op basis van het geselecteerde sjabloon.

Een sjabloon maken

In eerdere hoofdstukken van dit boek beschreven wij al hoe je opmaakprofielen, koppen en een serie van pagina's in een document kunt maken. Je zou dat document eenvoudig kunnen gebruiken als basis voor je boek. Nog beter is het om het document eerst op te slaan als een sjabloon. Dan kun je datzelfde sjabloon telkens weer opnieuw gebruiken voor een volgend boek.

Om een sjabloon te maken van een document dat lay-out en opmaakprofielen bevat zoals jij die wilt hebben, ga je als volgt te werk:

1. Open een nieuw of bestaand document.

2. Maak de gewenste wijzigingen zoals opmaakprofielen, tekst enzovoort.

3. Kies in het hoofdmenu **Bestand, Opslaan als sjablonen....** Het dialoogvenster *Sjabloonmanager* wordt geopend.

4. Kies de *Categorie* waarin je het sjabloon wilt opslaan.

5. Klik op **Opslaan**

6. In het pop-up venster vul je de naam in voor het nieuwe sjabloon in het veld *Voer sjabloonnaam in*.

7. Klik op **Accepteren** om het nieuwe sjabloon op te slaan.

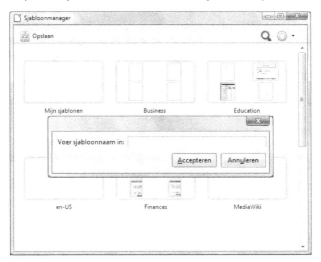

Een sjabloon bewerken

Je kunt de opmaakprofielen en de inhoud van een sjabloon bewerken en opnieuw opmaakprofielen toewijzen aan documenten die zijn gemaakt op basis van dat sjabloon. Elke wijziging in de inhoud van een sjabloon, zoals tekst in kop- en voetteksten heeft invloed op nieuwe documenten die worden gemaakt op basis van het sjabloon maar heeft geen invloed op bestaande documenten.

Om een sjabloon te bewerken:

1. Kies je in het hoofdmenu **Bestand**, **Nieuw**, **Sjablonen**

2. In *Sjabloonmanager* zoek je het gewenste sjabloon en klik je op **Bewerken**

3. Breng de gewenste wijzigingen in het sjabloon aan en bewaar het via **Bestand**, **Opslaan als sjabloon** in het hoofdmenu.

Een eigen standaardsjabloon maken

Je wilt vast niet dat het sjabloon van je boek het standaard sjabloon is voor al je documenten. Maar misschien wil je wel een standaardsjabloon maken dat anders is dan het standaardsjabloon dat meegeleverd wordt met Writer. Je wilt bijvoorbeeld een ander lettertype te gebruiken of een andere pagina-indeling met andere marges in plaats van de instellingen van het standaard sjabloon. Door een eigen standaard sjabloon te maken voorkom je dat je telkens wanneer je een nieuw document wilt maken allerlei wijzigingen opnieuw moet maken.

Hieronder beschrijven wij hoe je dit aangepaste standaardsjabloon opzet:

1. Open een bestaand document dat de instellingen heeft die je voortaan standaard wilt gebruiken.

2. Heb je nog geen bestaand document, maak er dan eerst een. Stel de marges in en kies het gewenste lettertype. Sla dit document op als sjabloon. In het menu kies je voor **Bestand**, **Opslaan als sjabloon...**,

3. Kies vervolgens in het hoofdmenu **Bestand**, **Nieuw**, **Sjablonen**. De Sjabloonmanager opent.

4. Open de map waarin zich het sjabloon bevindt dat je wilt instellen als standaardsjabloon.

5. Klik op het sjabloon dat je als standaard wilt instellen.

6. Klik op de knop **Als standaard instellen**, sluit de Sjabloonmanager af..

De volgende keer dat je een nieuw document maakt, kies je **Bestand**, **Nieuw**, **Tekstdocument**. Alle nieuwe documenten hebben het zojuist gemaakte sjabloon als basis. De veranderingen hebben geen invloed op bestaande documenten.

Leeg document gebaseerd op een nieuw sjabloon

Deze methode gaat over zowel opmaakprofielen als de inhoud van het nieuwe sjabloon. Dat is handig wanneer je afbeeldingen of andere informatie wilt opnemen zoals het auteursrecht of andere juridische mededelingen, kop- en voettekst informatie (zoals kruisverwijzingen naar hoofdstuk informatie) of andere inhoud van het sjabloon.

1. Gebruik **Bestand**, **Nieuw**, **Sjablonen**. Kies in de *Sjabloonmanager* het sjabloon dat je wilt gebruiken. Kies **Bewerken**. In het document verwijder je alle ongewenste tekst of afbeeldingen. Sla dit bestand op als sjabloon met een nieuwe naam. Zie ook 'Een Sjabloon bewerken op pagina 194

2. Open het bestaande document dat je wilt wijzigen. (Het opent in een nieuw venster.) Druk op **Ctrl + A** om alles in het document te selecteren. Kopieer en plak de inhoud in het lege document dat is gemaakt in stap 1.

3. Werk de eventuele inhoudsopgave en index bij en sla het bestand op.

Document bijwerken wanneer het sjabloon is gewijzigd

De eerstvolgende keer dat je een document opent dat is gemaakt op basis van een gewijzigd sjabloon verschijnt een bericht waarin wordt gevraagd of je het document wilt aanpassen aan de gewijzigde opmaakprofielen in het gewijzigde sjabloon.

- Klik op **Opmaakprofielen bijwerken** om de gewijzigde opmaakprofielen van het sjabloon toe te passen op het document of

- Klik op **Oude opmaakprofielen behouden** als je niet wilt dat de gewijzigde opmaakprofielen aan het document worden toegewezen.

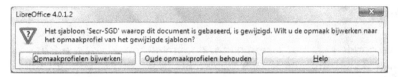

LET OP
Wanneer je op **Oude opmaakprofielen behouden** drukt zal de boodschap niet meer verschijnen. Je krijgt geen herkansing meer om het gewijzigde opmaakprofiel op het document alsnog toe te passen.

Voorgedefinieerde sjablonen gebruiken

Op internet zijn verschillende verzamelingen met sjablonen beschikbaar die je kunt installeren als uitbreiding op Writer. De volgende webpagina geeft een overzicht van de beschikbare extensies:
http://templates.libreoffice.org/template-center.

In de bijlage vind je een overzicht van nog meer links naar locaties waar je sjablonen kunt downloaden. Zie ook 'Extensies installeren' op pagina 205 voor uitgebreide informatie over het installeren van extensies.

Na installatie van deze sjablonenverzamelingen worden deze opgenomen in de Sjabloonmanager. Ze zijn netjes in aparte mappen ondergebracht.

Samenvatting

In dit hoofdstuk heb je gezien hoe je een document maakt op basis van een sjabloon. Sjablonen maken, bewerken en instellen als een standaardsjabloon is ook besproken.

Er is aandacht besteedt aan hoe en waar je voorgedefinieerde sjablonen kunt verkrijgen.

In het volgende en tevens laatste hoofdstuk gaan we nog een paar aanvullende, geavanceerd instellingen van Writer bekijken.

14 Writer instellen – vervolg

*I*n hoofdstuk 2 'Writer Instellen', vanaf pagina 37, zijn diverse instelmogelijkheden de revue gepasseerd. Dit hoofdstuk behandelt een paar toepassingen en extensies die je kunt installeren. Ze kunnen je het werken met Writer een stuk gemakkelijker maken.

In dit hoofdstuk gaan we ook wat dieper in op enkele specifieke instellingen van Writer.

Je kunt in Writer menu's, werkbalken en sneltoetsen naar eigen wens instellen en nieuwe menu's en werkbalken toevoegen. Menu's voor de rechtermuisknop zijn (helaas) niet aan te passen.

Writer kun je uitbreiden met extra functies door het installeren van extensies (add-ons). Die kun je downloaden van de website van LibreOffice of van andere aanbieders.

Menu's en werkbalken

In aanvulling op het aanpassen van het lettertype in de menu's zoals Writer die gebruikt (beschreven in hoofdstuk 2) kun je onderdelen in de menubalk verplaatsen of toevoegen. De meeste gebruikers doen dit omdat Writer dan beter werkt. Wij gaan daar in dit boek niet verder op in maar verwijzen je daarvoor naar de *Writer Guide*.

Sneltoetsen definiëren

LibreOffice heeft standaard een set voorgedefinieerde sneltoetsen die in alle componenten aanwezig zijn. Ook heeft elk onderdeel (Writer, Calc, Draw, Presentatie, Base en Math) zijn eigen component-specifieke set van sneltoetsen.

Je kunt zelf ook andere sneltoetsen definiëren voor ingebouwde functies of voor zelf gemaakte macro's. Deze sneltoetsen sla je op voor later gebruik. Dit kan voor Writer maar ook voor de andere componenten. Meestal bewaar je zelf gemaakte sneltoetsen alleen voor Writer omdat je ze voor dat dat programmaonderdeel hebt gemaakt.

In dit hoofdstuk kijken we naar twee voorbeelden die je misschien wel kunt gebruiken voor je eigen werk.

Voorbeeld 1: Opmaakprofielen toewijzen aan sneltoetsen

Je kunt sneltoetscombinaties maken om snel opmaakprofielen toe te passen in je document. Sommige sneltoetsen zijn al voorgedefinieerd zoals Ctrl +0 voor het alineaopmaakprofiel Tekstblok, Ctrl +1 voor het opmaakprofiel Kop 1 en Ctrl +2 voor opmaakprofiel Kop 2. Je kunt deze sneltoetscombinaties naar eigen smaak aanpassen.

1. Klik op **Extra**, **Aanpassen**, tabblad **Toetsenbord.**

2. Kies de sneltoetsen die je wilt toewijzen aan een opmaakprofiel. In dit voorbeeld kiezen we ervoor om ***Ctrl +9*** toe te wijzen aan het opmaakprofiel *MijnLijst* dat we eerder maakten (zie pagina 119).

3. In de sectie *Functies* van het dialoogvenster *Aanpassen* blader je in de lijst *Categorie* naar beneden naar *Opmaakprofielen*. Klik op het + *teken* om de lijst met profielen uit te breiden.

4. Kies het type opmaakprofiel. In dit voorbeeld wordt een *Nummering opmaakprofiel* gekozen maar je kunt uiteraard ook een ander opmaakprofiel uit de lijst kiezen. In de *Functielijst* worden nu de namen van de ingebouwde en aangepaste opmaakprofielen getoond die beschikbaar zijn in de geselecteerde categorie.

5. Om van de toetscombinatie ***Ctrl +9*** de sneltoets combinatie voor *MijnLijst* te maken selecteer je *MijnLijst* in de lijst *Functie* en klik je vervolgens op **Wijzigen**. *Ctrl +9* verschijnt nu rechts in de lijst *Toetsen* en *MijnLijst* verschijnt naast *Ctrl +9* in het vak *Sneltoetsen*.

6. Maak eventueel ander wijzigingen en klik op **OK** om de instellingen opslaan en het dialoogvenster te sluiten.

OPMERKING
Alle bestaande sneltoetsen voor de geselecteerde functie worden opgenomen in de lijst Toetsen. Wanneer deze lijst leeg is kun je een toetscombinatie toewijzen aan de functie die je hebt gekozen. Wanneer je een functie wilt toewijzen aan een sneltoetscombinatie die al in gebruik is, moet je eerst de aanwezige toetscombinatie verwijderen.

Sneltoetsen die in de lijst grijs worden weergegeven zoals *F1* en *F10*, zijn niet beschikbaar om aan (andere) functies toe te wijzen. Deze toetsen zijn door LibreOffice voor andere functies vastgelegd.

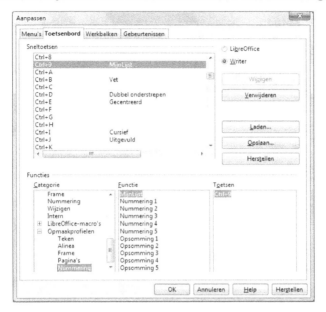

Voorbeeld 2: macro's toewijzen aan sneltoetsen

Een veel voorkomende reden om macro's toe te wijzen aan sneltoetscombinaties is het snel en gemakkelijk plaatsen van speciale tekens. In dit voorbeeld laten we zien hoe je sneltoetsen instelt voor het invoegen van *en* en *em-streepjes*. De functie van deze afbreekstreepjes kwam uitgebreid aan de orde in hoofdstuk 6 'Teksten opmaken' op pagina 103

TIP
Er zijn ook extensies beschikbaar die deze taken uitvoeren, zie daarvoor de paragraaf 'Functionaliteit toevoegen met extensies' op pagina 204.

Eerst gaan we een macro opnemen die beide soorten streepjes plaatst. Vervolgens gaan we die macro's toewijzen aan sneltoetscombinaties.

LET OP
De functie *Macro opnemen* is niet standaard beschikbaar. In versie

4 van LibreOffice zet je de functie aan via **Extra**, **Opties**,
LibreOffice, **Geavanceerd**. Zie schermafdruk hieronder.
Zet het vinkje aan bij *Zet macro opname aan*.
In andere versies van LibreOffice kan deze optie verborgen zitten
onder **Algemeen**. Kun je dit in jouw versie niet terugvinden, zoek
dan even in de helpfunctie op 'macro's opnemen'.

1. Kies **Extra**, **Macro's**, **Macro opnemen** om het opnemen van een
   macro te starten. Een klein venster verschijnt zodat je weet dat
   LibreOffice een macro opneemt.

2. Kies **Invoegen**, **Speciale tekens** om het dialoogvenster *Speciale
   tekens* te openen. Scroll naar beneden tot je het *en-streepje (U
   +2013)* en het *em-streepje (U +2014)* ziet. Selecteer een van
   deze en klik op **OK.**

3. Klik op de knop **Opname stoppen** om de opname van de macro
   te stoppen en op te slaan. LibreOffice toont nu het dialoogvenster
   LibreOfficeBasic-macro's.
   Typ een duidelijk herkenbare naam voor de nieuwe macro in het
   vak *Macronaam*, linksboven.

4. In de sectie *Macro opslaan* klik je op het + *teken* naast de
   macrobibliotheek met de naam **Mijn macro's**. In de lijst *Mijn
   macro's* zie je de bibliotheek met de naam *Standaard*. Onder
   Standaard selecteer je **Module1** en klik je op **Opslaan**.

5. Herhaal de stappen 1 tot en met 4 om andere macro's te maken, bijvoorbeeld voor het plaatsen van het *em-streepje.*

Nu gaan we de zojuist gemaakte macro toewijzen aan sneltoetsen. Ga daarvoor als volgt te werk:

6. Kies in de menubalk voor **Extra, Aanpassen, Toetsenbord.** In de lijst *Sneltoetsen* kies je nu een ongebruikte toetscombinatie bijvoorbeeld *Ctrl + Shift + N* voor het *en-streepje.* In de lijst *Categorie* scroll je naar *LibreOffice-macro's* en klik je op het + *teken* klik ook op het + *teken* naast *user* en vervolgens bij *Standaard* en selecteer daar **Module1**.

7. In de lijst *Functie* kies je voor de door jouw gemaakte macro *en_streepje* en klik je vervolgens op de knop **Wijzigen**, rechtsboven. De geselecteerde toetscombinatie wordt nu in de lijst *Toetsen* opgenomen en de omschrijving *en_streepje* verschijnt naast de sneltoetscombinatie in het vak *Sneltoetsen.*

8. Herhaal deze procedure ook voor de macro voor het *em-streepje.* Klik tot slot op **OK** onderin het venster.

Sneltoetsen herstellen

Wanneer je alle sneltoetsen wilt terugzetten naar de standaard (begin) waarden klik je op de knop **Herstellen** in het venster *Aanpassen* die je helemaal rechts onderin vindt. Ga voorzichtig met deze functie om want je krijgt geen waarschuwing vooraf. Wanneer je op deze knop drukt worden alle standaardinstellingen teruggezet naar de begin situatie. Alle zelfgemaakte macro's zijn verwijderd. Gebruik dit dus met de nodige zorgvuldigheid.

Functionaliteit toevoegen met extensies

Een extensie is een programmaatje dat extra functies toevoegt aan LibreOffice. LibreOffice heeft standaard al veel extensies aan boord die je bijvoorbeeld voor Apache OpenOffice eerst nog moet downloaden en installeren.

In LibreOffice zijn de meeste woordenboeken in verschillende talen standaard al aanwezig. Ook de extensies *PDF importeren*, *Presentatieconsole*, *Rapportontwerper*, *Scriptondersteuning voor Python* (een programmeertaal o.a. voor macro's gebruikt) en de *WikiPublisher* zijn al geïnstalleerd.

Via de website van LibreOffice *http://extensions.libreoffice.org/extension-center* zijn veel extensies te downloaden. Ook de extensies van Apache OpenOffice zijn nog steeds te gebruiken. In de bijlage vind je meer links naar extensies die gedownload en geïnstalleerd kunnen worden.

De meeste extensies zijn gratis maar voor sommige moet je betalen. Controleer daarom altijd eerst de beschrijvingen van de extensies waarvoor je belangstelling hebt om na te gaan onder welke licentie ze zijn uitgegeven en welke vergoedingen er eventueel van toepassing zijn.

Extensies installeren

Om een extensie te installeren:

1. Download je de extensie en sla je die ergens op je computer op, bij voorbeeld op je bureaublad.

2. In Writer kies je in de menubalk voor **Extra**, **Extensiebeheer...**. In het dialoogvenster *Extensiebeheer* klik je op **Toevoegen**.

3. Zoek en selecteer de extensie die je wilt installeren en klik op **Openen.** De installatie van de extensie begint. Bij sommige extensies wordt gevraagd om een licentieovereenkomst te accepteren.

4. De extensie wordt in de lijst met extensies getoond nadat de installatie is voltooid.

Enkele populaire extensies voor Writer

Hieronder noemen we een paar belangrijke en populaire extensies voor Writer die het schrijvers een stuk gemakkelijker maakt om hun boek te voltooien. De extensies zijn gratis te downloaden van de website van LibreOffice. In de bijlage vind je meer weblinks.

LanguageTool

De LanguageTool is een stijl- en grammatica controle programma voor diverse talen zoals Engels, Frans, Duits, Pools en Nederlands. Met deze tool kun je fouten herstellen die gangbare spellingscontrole programma's niet herkennen. Bijvoorbeeld het verkeerde gebruik van *hte/het* of *hen/hun* enzovoort. Het is echter geen spellingscontrole. Zie ook Hoofdstuk 3 'Het schrijven en bewerken van teksten'.

Template Changer

Deze extensie voegt twee nieuwe items toe aan het menu **Bestand, Sjablonen** en geeft je de mogelijkheid om een nieuw sjabloon aan een document toe te wijzen. De opmaak en opmaakprofielen van dat sjabloon worden ingelezen in het document dat zich dan gedraagt alsof het met dat sjabloon is gemaakt.

OPMERKING
De extensie Template Changer werkt (voorlopig nog) niet in versie 4.0 van LibreOffice. Dat komt mede omdat het hele concept van het beheren van sjablonen volledig is gewijzigd. In oudere versies van LibreOffice en Apache OpenOffice is dit nog steeds een uitstekende aanvulling. In de bijlage vind je een installatiebeschrijving van deze template.

Writer's Tools

Deze extensie (van Dmitri Popov) heeft veel extra's aan boord, zoals een timer die de tijd bijhoudt hoe lang je aan een document werkt. Dit kan soms handig zijn als je kosten voor je werkzaamheden kunt of moet doorberekenen. Ook het maken van een back-up van je documenten, opzoeken en vertalen van woorden en zinnen, het beheren van stukjes tekst en het bijhouden van document statistieken zijn met deze extensies mogelijk.

Hoewel deze extensie ten tijde van het schrijven van dit boek niet (meer) wordt onderhouden, is deze nog steeds goed bruikbaar. Je kunt de extensie downloaden via deze link: *http://code.google.com/p/writertools/*

Er is ook een Nederlandse versie van Writer Tools beschikbaar van het computerblad C'T. Deze extensie zit in een zip-bestand en is te downloaden via de link: *http://bit.ly/TMC2C5.*

- Een venster opent om het bestand naar je computer te downloaden.

- Pak het zip-bestand uit en

- Installeer het bestand Writer_Tools_CT.oxt zoals beschreven is aan het begin van dit hoofdstuk.

Hieronder twee afbeeldingen van beide versies.

Dmitri Popov's versie van Writer's Tools

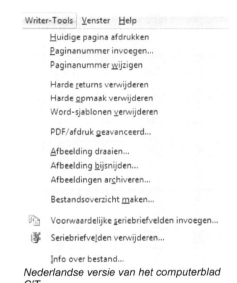

Nederlandse versie van het computerblad C'T

Professional Template Pack II

Deze extensie heeft meer dan 120 handige sjablonen voor Writer, Calc en Impress beschikbaar. Dit pakket is ooit gemaakt voor OpenOffice.org (nu Apache OpenOffice), maar de sjablonen zijn nog steeds heel goed te gebruiken in LibreOffice. Na installatie van deze extensie zijn de sjablonen beschikbaar via **Bestand**, **Nieuw**, **Sjablonen** en zijn ze onderverdeeld in verschillende submappen.

Deze sjablonen kun je vertalen en aan je eigen wensen aanpassen. Je kunt ze natuurlijk ook als basis voor nieuwe, eigen sjablonen gebruiken.

Samenvatting

In dit laatste hoofdstuk heb je geleerd hoe je sneltoetsen kunt definiëren en macro's maakt en toewijst aan sneltoetsen.

De functionaliteit van Writer verbeteren of verhogen met extensies hebben we ook uitgebreid besproken. Je hebt gezien hoe je extra extensies kunt verkrijgen en hoe je ze installeert. Enkele populaire extensies zijn uitvoerig besproken.

Tot Slot

Je bent aangekomen bij het einde van dit boek. Wanneer je alle aangereikte mogelijkheden hebt toegepast op de teksten van jouw boek, heb je nu een document dat geschikt is om gedrukt te worden door een POD service of om als e-boek beschikbaar te stellen.

Van harte Gefeliciteerd!

In de bijlagen hierna vind je nog enkele suggesties voor POD services. Vergelijk ze goed want de verschillen tussen de verschillende diensten kunnen enorm groot zijn.

Via de website *http://www.libreofficesuite.nl/pagina bij het boek* blijf je op de hoogte van wijzigingen en eventuele aanvullingen in dit boek.

Ik wens je heel veel succes toe succes toe in de toekomst van je boek.

Hans Drost

Bijlagen

Wat je moet weten over POD services

Bij POD kun je onderscheid maken in *Printing* On Demand en *Publishing* On Demand. Beide diensten bieden over het algemeen de mogelijkheid om op afroep kleine oplagen van je boek te laten drukken.

Printing On Demand diensten leveren alleen drukwerkdiensten. Vaak biedt men daarbij ook aanvullende diensten aan. Je kunt daarbij denken aan bijvoorbeeld redactionele werkzaamheden. Van deze dienstverleners maak je gebruik wanneer je zelf het volledige uitgeefproces in handen wilt hebben (en houden). Alle kosten komen daarbij voor eigen rekening.

Publishing On Demand diensten leveren alle voorkomende werkzaamheden zoals het redigeren van je teksten, de verzorging van de opmaak, het (laten) drukken en zij geven jouw boek uit via de eigen website en andere verkoopkanalen. Jij draagt als opdrachtgever alle kosten die hiervoor gemaakt worden.

Lezers van dit boek, die zelf hun boek willen gaan uitgeven door gebruik te maken van een *Printing* On Demand service, kunnen daarvoor bij verschillende binnen- of buitenlandse bedrijven terecht. Zoals het Amerikaanse bedrijf Lulu. Daar heb je alles in eigen hand of je huurt aanvullende diensten in. Bij Lulu ben jij zelf de uitgever.

Het Nederlandse Kirjaboek of Gigaboek bieden overeenkomstige mogelijkheden. Zij zijn meestal de uitgever van je boek. Een zoekopdracht via Google levert je nog meer POD services. In onderstaande lijst noemen wij er enkelen, zonder compleet te willen zijn.

Boekenbent	*http://www.boekenbent.nl*
BoekVanMij	*http://www.boekvanmij.nl/*
Gigaboek	*http://www.gigaboek.nl/*
Jouwboek	*http://www.jouwboek.nl/website/*
Kirjaboek	*http://www.kirjaboek.n*

LuLu	*http://www.lulu.com*
Schrijven Uitgeverij	*http://www.schrijvenuitgeverij.nl/*

Bestanden openen met externe programma's

LibreOffice documenten zijn gemaakt in het OpenDocumentFormat, een XML- (eXtensible Markup Language) bestandsindeling. Dat betekent dat je de bestanden kunt openen met een ontzip programma zoals bijvoorbeeld 7-Zip of WinZip. Dit kan vooral handig zijn wanneer het oorspronkelijke bestand beschadigd is en je toch de inhoud wilt kunnen bekijken. Vooral afbeeldingen die je direct in het document hebt opgenomen en die je niet op je computer hebt bewaard, zoals bijvoorbeeld schermafdrukken, kun je op deze manier toch veiligstellen.

Klik met de rechtermuisknop op het LibreOffice bestand en open vervolgens het archief.

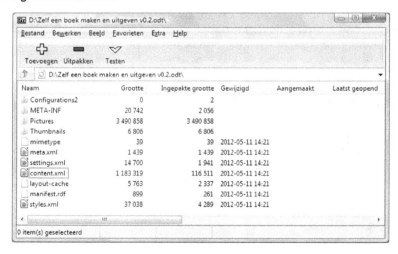

In bovenstaande afbeelding zie je de inhoud van het bestand. In de map pictures vind je alle afbeeldingen die je in het document hebt ingevoegd. Het bestand content.xml bevat alle tekst samen met de opmaakcode.

7-Zip is een gratis (open source) programma dat is te downloaden via de link *http://www.7-zip.org/download.html*

Links voor sjablonen:

LibreOffice Templates:	*http://templates.libreoffice.org/template-center*
Open Template:	*http://opentemplate.org/*
The Document Foundation Wiki:	*http://wiki.documentfoundation.org/Documentation/ Publications*
IBM-Lotus software:	*http://www-03.ibm.com/software/lotus/symphony/gallery.nsf/Gal leryDocuments?OpenView*
OpenOffice.org Templates:	*http://templates.services.openoffice.org/*
OpenOffice.org Extentions:	*http://extensions.services.openoffice.org/search/no de/template*

Links voor extensies

LibreOffice extensies:	*http://extensions.libreoffice.org/extension-center*
Apache OpenOffice:	*http://extensions.services.openoffice.org/*
Writertools:	*http://code.google.com/p/writertools/*
C'T Writertool:	*http://bit.ly/TMC2C5*

Professional Template Pack II:	*http://extensions.services.openoffice.org/en/project/TemplatePack_II*
Writer2epub:	*http://writer2epub.en.softonic.com/*
Sigil voor het maken van e-pub bestanden:	*http://code.google.com/p/sigil/*
LibreOffice Portable	*http://portableapps.com/apps/office/libreoffice_portable*
OpenXML/ODF Translator Add-in for Office	*http://sourceforge.net/projects/odf-converter/*

De extensie Template Changer

De Template Changer bewerkt geen afbeeldingen of tekst uit het nieuwe sjabloon. Het vernieuwt alleen de opmaakprofielen en maakt een koppeling tussen het sjabloon en het document.

1. Download de Template Changer extensie van *http://extensions.libreoffice.org/extension-center/template-changer* en installeer hem zoals beschreven in hoofdstuk 14,.pagina 205

2. Sluit en open LibreOffice. Nu heeft het menu **Bestand, Sjablonen** twee nieuwe keuze mogelijkheden: *Wijs sjabloon* (huidige document) en *toewijzen sjabloon* (map).

3. Open het document waarvan je het sjabloon wilt wijzigen. Kies **Bestand, Sjablonen, Toewijzen Template** (huidige document).

4. Selecteer in het sjabloon venster zoek en selecteer het gewenste sjabloon en klik op **Openen.**

5. Sla het document op.

Nog een laatste tip:

Soms komt het voor dat LibreOffice erg traag lijkt te werken. Dat is meestal het geval bij erg omvangrijke documenten. Dat kan dus ook bij jouw boek het geval zijn, vooral als je veel afbeeldingen in het document hebt opgenomen. De volgende tip lost dit naar alle waarschijnlijkheid op:

1. Start LibreOffice en open, bijvoorbeeld, Writer.

2. Ga naar *Extra*, *Opties*

3. Open de sectie *LibreOffice* en vervolgens *Geheugen*

4. In de sectie *Ongedaan maken* zet je het *Aantal stappen* op **20**. Dit is het aantal stappen dat Ongedaan maken onthoudt)

5. In de sectie *Afbeeldingencache* verhoog je het aantal MB's voor *Gebruiken voor LibreOffice*

6. Verhoog in dezelfde sectie bij *Opslagruimte per object* tot **20 MB**. Dit wijst meer cachegeheugen (tijdelijk geheugen) per object.

7. In de sectie *Cache voor ingevoegde objecten* zorg je ervoor dat het *Aantal objecten* op 20 staat.

8. Tot slot, zet je een vinkje in de sectie *LibreOffice SnelStarter* bij *LibreOffice laden tijdens systeemstart*.

9. Klik op **OK** en sluit LibreOffice af en start opnieuw.

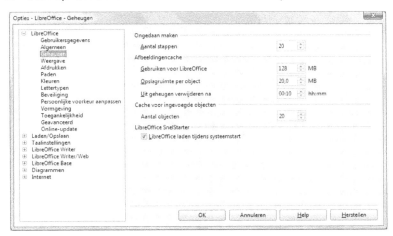

Bronnen

Bronnen die tijdens het schrijven van dit boek zijn geraadpleegd:

- ODF authors, (2010, 2011) Handleiding voor beginners, Hoofdstuk 1 Kennismaken met LibreOffice

- The Document Foundation, (28-03-2013) Getting Started Guide voor LibreOffice 4.0,

- The Document Foundation, (20-01-2013) Writer Guide LibreOffice 3.6, gebaseerd op OpenOffice.org 3.3 Writer Guide

- ODF authors, (2010, 2011) Handleiding voor beginners, Hoofdstuk 4 Kennismaken met Writer Tekstverwerken met LibreOffice

- Weber, Jean Hollis, (2009), Self-publishing using OpenOffice.org 3 Writer, How to use free software to write, design, and create PDFs for print-on-demand books.

- Dessing , Maarten (2008), Uitgeven in eigen beheer, Uitgeverij Augustus

- Renkema, Jan, (2002) Schrijfwijzer, Sdu Uitgevers

- Vroegindeweij, Lydia (2005) Handboek Redactie, Sdu Uitgevers

Over de auteur

*H*ans heeft ruim twintig jaar ervaring met kantoorautomatisering, eerst als helpdeskmedewerker en later als hoofd van een afdeling automatisering. Nu adviseert hij particulieren en bedrijven met computergebruik en -netwerken en helpt hen met het werken met LibreOffice of Apache OpenOffice. Hij is een fervent gebruiker van open source software zowel voor thuis- als zakelijk gebruik.